DÉCOUVREZ
ET DÉVELOPPEZ
VOTRE

POTENTIEL

DÉCOUVREZ
ET DÉVELOPPEZ
VOTRE

POTENTIEL

CLAUDE
HOUDE
AVEC BEN AGUILA

DÉCOUVREZ ET DÉVELOPPEZ VOTRE POTENTIEL
Publié par Les ministères Parole d'espoir

Mise en page : Marie Blanchard (marieBdesign.com)
Couverture : Miriam Danielsson, Stéphane Hoareau
Photo : Mélodie Hoareau
Coordination éditoriale : Karina Allepot

N.D.L.R. : l'usage du masculin pour désigner le masculin et le féminin a pour unique but d'alléger le texte.

© Claude Houde, 2016

Dépôt légal — 2ᵉ trimestre 2016
Bibliothèque et Archives nationales du Québec
Bibliothèque et Archives Canada

ISBN 978-2-9808883-6-6

Dédicace

Je dédie ce livre POTENTIEL à mes enfants et petits-enfants Élisabeth, David-Samuel, Patricia, Léa et Rémi.

Que ma vie, bien qu'étant tellement imparfaite, puisse vous inspirer à découvrir et développer votre potentiel pour Dieu.

Je vous aime de tout mon cœur.

Remerciements

Il est impossible pour un pasteur cumulant des fonctions comme les miennes de publier des livres sans le concours d'une équipe extraordinaire. Je tiens à exprimer mon admiration et ma reconnaissance aux personnes qui ont travaillé avec moi à ce projet.

Ben Aguila, mon assistant et mon frère de combat tout au long du processus, tu es un maitre de la recherche et un collaborateur tellement talentueux et efficace dans une variété de domaines. Sans toi, ce livre n'aurait pas vu le jour. Un grand merci pour la vision, ces heures innombrables de travail et ta résilience à servir alors que tu traversais tes propres épreuves. Dieu vous bénira, Anne-Marie et toi, pour votre passion et votre détermination à le servir. Vous êtes bien précieux pour moi.

Un immense merci aussi à Karina Allepot, Annick Philibert, Mélodie et Stéphane Hoareau, Matthieu Layes et Emmanuel Robin. Vous êtes tous bourrés de talents, de capacité et de créativité. Votre passion pour Christ et son Royaume m'inspire et me défie, et vos appels et ministères portent déjà un fruit éternel. Votre potentiel pour Dieu est illimité.

C'est une joie et un privilège de servir avec vous. Je vous aime beaucoup et je remercie Dieu pour vous.

Avec prières,

Ensemble pour le roi,
Pasteur Claude Houde
Mai 2016

Introduction à la lettre du Potentiel

Après plus de trois décennies de ministère pastoral à temps plein sur la Rive-Sud de Montréal, dans tout le Québec et aux quatre coins de la francophonie mondiale, apportant la Parole dans plus de trente-cinq pays et m'adressant à des dizaines de milliers de croyants, de leaders et de pasteurs de tous les arrière-plans possibles et imaginables, je suis profondément convaincu que nous sommes tous à la recherche de quelque chose de plus. Cette dimension qui nous permettrait de nous distinguer des autres et nous rapprocherait de la personne que nous aimerions être, ce que Dieu nous appelle à devenir. Je vous parle de ce désir d'accomplir plus qui nous tient éveillé la nuit. Les heures passent et, tandis que les autres dorment, vous rêvez, vous imaginez, vous pensez : « *Et si j'étais né pour mieux ? S'il y avait en moi quelque chose de plus ?* » Vous est-il déjà arrivé de vous poser ces questions ? Je crois que, comme chrétien, nous voulons tous avoir une vie d'impact et laisser un témoignage qui glorifie Dieu, faire avancer son Royaume et faire reculer les ténèbres. Mais que faisons-nous réellement des dons, talents et capacités que Dieu a déposés en nous ? Avons-nous pleinement saisi l'appel de notre Seigneur ? Cher lecteur, si vous êtes comme moi et avez ce désir, cette soif passionnée et plus brûlante que jamais de découvrir, développer, atteindre et vous emparer de votre plein potentiel, ce livre qui vous fera découvrir l'Épître de Paul aux Philippiens est pour vous.

Je crois de toutes mes forces que la Terre n'a pas de douleur que le Ciel ne peut guérir. Cette lettre de Paul, souvent appelée « l'épître de la joie », est puissamment inspirée de l'Esprit de Dieu pour vous aider à guérir, grandir et goûter au futur magnifique qu'il vous a préparé depuis la fondation du monde. Saviez-vous que la Bible enseigne qu'en tant que chrétien, nous naissons deux fois, mais ne mourrons jamais ? En d'autres termes, vous serez toujours vivant dans des milliards d'années ! C'est pourquoi Dieu a déposé en vous un potentiel, afin que votre impact rayonne sur cette Terre, mais aussi pour l'éternité, au-delà de vos années de vie qui ne sont qu'une vapeur. Il est donc essentiel et crucial de bien comprendre toute l'ampleur, la profondeur et la réalité de votre potentiel qui vient de Dieu.

Potentiel, pourquoi ce titre ?

Dans le dictionnaire[1], « potentiel » est défini par « force ou ressource dont on dispose, capacité ou possibilité de puissance ». Dans son étymologie, le terme est dérivé de trois mots latins : *potens* pour une puissance, *posse* pour rendre possible et *possedere* pour posséder. En d'autres termes, saisir notre plein potentiel, c'est découvrir une puissance qui rend tout possible, mais que nous devons apprendre à posséder ! C'est l'essence même du message de l'épître de Paul aux Philippiens que nous allons explorer dans toute sa beauté et sa pertinence pour nous, chrétiens du XXIᵉ siècle.

Potentiel, pour qui?

Ce livre s'adresse aux croyants de longue date comme aux personnes nouvelles dans la foi. Des personnes qui n'avaient jusqu'alors aucune idée de ce qu'est le véritable christianisme, pensant peut-être qu'il s'agissait d'une religion périmée, vestige de notre passé. Ce livre s'adresse autant aux jeunes qu'aux ainés, aux personnes qui ont grandi dans l'église ou qui ont été en contact avec elle depuis longtemps. Il s'adresse aux personnes désabusées, meurtries ou perplexes face aux comportements, actions, attitudes ou témoignages décevants, voire révoltants, de gens qui se disent chrétiens, mais dont le non pardon, l'air hautain, la petitesse de cœur et d'esprit, ou carrément la mesquinerie a refroidi et éloigné du Seigneur ou de son peuple.

Ce livre appelle aussi tous ceux qui marchent avec Dieu depuis des années et qui, au regard de leurs expériences et accomplissements, sont tentés de considérer que le meilleur est derrière, empêchant le Seigneur de continuer d'agir et de faire son œuvre en eux pour y développer encore et toujours leur potentiel.

Selon la perspective divine, notre passé n'a pas d'avenir. Tant les échecs que les exploits d'hier ne peuvent ni ne doivent limiter nos aujourd'hui et nos demains. Que vous soyez un *baby-boomer*, ou un fier représentant de la génération X, Y ou Z, la lettre de

Paul aux Philippiens nous appelle tous à voir et à vivre le potentiel offert par Dieu dans chaque saison de notre vie.

Un de mes «versets de vie», véritable moteur de poursuite inlassable de sa volonté pour moi, se trouve dans Actes 13.22 et 36: *J'ai trouvé David, homme selon mon cœur, qui accomplira toutes mes volontés. Il servit les desseins de Dieu dans sa génération, dans ses années, dans le temps que le Seigneur lui accorda sur cette Terre. Il servit les plans et les destinées que Dieu avait préparés pour lui.*

Appropriez-vous ce verset et sondez votre cœur avec franchise en vous posant cette question: est-ce que je sers Dieu aujourd'hui? Dans la saison actuelle de ma vie? Ou au contraire, ai-je arrêté, ralenti, diminué ou abdiqué dans ma poursuite de sa volonté? Ai-je remis à plus tard?

Cher lecteur, j'aimerais vous défier à accomplir et vivre, comme David, votre plein potentiel pour Dieu, dans votre génération, dans le temps que le Seigneur vous accordera sur cette planète, où que vous soyez dans le monde.

Potentiel, quel message?

À travers toute l'épître aux Philippiens, l'apôtre Paul pose littéralement une question à chacun: «Accomplis-tu ton plein potentiel?» Dans les prochaines pages, mon désir le plus cher est que vous puissiez disposer des ressources nécessaires pour répondre personnellement et honnêtement à cette question, et ainsi voir grandir et se réaliser le potentiel unique que Dieu a déposé en vous. S'il fallait choisir un verset fondateur au cœur de toute la pensée de cette épître du potentiel, ce serait Philippiens 1.6 : *Je suis persuadé que celui qui a commencé en vous cette bonne œuvre la rendra parfaite pour le jour de Jésus-Christ.*

Quel que soit votre âge, ce livre est pour vous et son message est limpide : il y a encore un potentiel en toi que le Seigneur veut t'aider à développer. Dieu n'a pas dit son dernier mot ! À travers cet ouvrage, je souhaite lancer un défi à chaque croyant à travers la francophonie. Une invitation que nous pourrions résumer en une phrase et qui, je l'espère, restera gravée dans votre âme : ton appel t'appelle ! Que vous soyez étudiant ou sur le marché du travail, ouvrier, homme ou femme d'affaires, célibataire, marié, divorcé, monoparental, parent ou grand-parent, votre appel vous appelle. Il y a une œuvre, un accomplissement, une réalisation, des projets et exploits que seulement vous, aujourd'hui, là où vous êtes, pouvez accomplir.

Votre appel vous appelle. Êtes-vous prêts à y répondre ? Cet appel n'est pas passif, il est actif. Il n'est pas accompli au passé ou au futur, il est au présent. Il n'est pas seulement naturel, il est surnaturel comme nous le découvrirons ensemble.

Contexte de l'épître du Potentiel

Avant de plonger dans notre texte biblique, il est primordial d'en connaitre le contexte. Trop souvent, un texte sorti de son contexte peut devenir un prétexte[2]. Paul écrit l'épître aux Philippiens au 1er siècle de notre ère. Au moment où, des années 54 à 68, l'empereur Néron règne en maitre sur Rome et dans tout l'empire. Celui que les livres d'Histoire dépeignent comme «l'empereur fou» qui combattit l'expansion prodigieuse du christianisme naissant violemment, avec sadisme et acharnement (nous sommes à peine 30 ans après la mort et la résurrection de Jésus). Rongé par une haine délirante et habité d'une folie meurtrière, il envoya aux lions et à la torture des milliers de croyants dans toutes les arènes de Rome[3]. Il alla même jusqu'à faire attribuer la responsabilité du grand incendie de Rome (en l'an 64) aux chrétiens de la ville. Un scénario machiavélique et totalement mensonger que Néron avait imaginé, orchestré et instrumentalisé afin d'attiser la haine des citoyens de l'empire contre les églises chrétiennes.

C'est dans ce contexte de persécution et de tension extrême qu'en l'an 60, Néron ordonna l'incarcération de l'apôtre Paul au seul motif de sa foi. Alors qu'il avait, depuis les débuts de son ministère, formé le vœu d'aller à Rome comme prédicateur et pasteur, Paul s'y retrouvait à présent prisonnier, enchaîné à un soldat, dans une cellule souterraine aux conditions terrifiantes et sordides. Imaginez un instant l'intensité du tourment de sa conscience et ses pensées tandis qu'il gisait seul au fond de son cachot.

Lors d'un voyage à Rome, j'ai eu l'occasion de visiter la prison de Mamertine. Selon une certaine tradition catholique[4], ce donjon souterrain serait celui où Paul a été emprisonné. Comme plusieurs archéologues et historiens, je crois que cette prison représente un des endroits (il y en avait des dizaines d'autres dans la ville) dont les vestiges jumelés aux écrits historiques de l'époque nous donnent un portrait saisissant des conditions dans lesquelles Paul était lorsqu'il a écrit cette épître du potentiel. Les Romains aimaient torturer leurs prisonniers, tant physiquement que moralement et psychologiquement. Les cellules sont à plusieurs dizaines de mètres sous le sol. Elles sont exiguës, froides, vétustes. La canicule brulait le jour et le froid mordait la nuit. Des centaines d'hommes y étaient entassés, pataugeant dans leurs excréments. Les rations alimentaires étaient prévues pour garder les détenus vivants, mais souffrants cruellement de la faim. On surpeuplait les cellules et, périodiquement, on ouvrait les égouts de la ville qui venaient noyer les prisonniers et les emporter dans un funeste torrent.

C'était la menace qui planait tous les jours au-dessus de Paul. C'était l'horreur et la terreur auxquelles Paul faisait face lorsque l'Esprit de Dieu commença à lui mettre à cœur d'écrire une lettre destinée aux chrétiens de l'église de Philippes. Paul, l'homme d'impact et d'influence, l'implanteur d'églises, le proclamateur de l'Évangile qui se retrouve prisonnier, seul, isolé, coupé du monde, pensant probablement dans son humanité, à ce moment précis de son existence : «*ma vie ne sera plus que souffrance et solitude*». C'est pourtant à cet endroit que le Seigneur l'inspira à écrire l'épître aux Philippiens. Alors que tout espoir semblait humainement perdu, il rédigea l'épître du Potentiel, porteur d'un message dont l'influence et l'impact atteindront les croyants et les églises de son époque et transcenderont vingt siècles d'histoire pour se rendre jusqu'à vous et moi aujourd'hui, et jusqu'à des centaines de millions de croyants à travers le monde.

La Bible est le seul livre ancien dont l'auteur est toujours vivant. Cette simple lettre écrite par Paul dans une cellule de douleur et de frustration est encore lue, étudiée, discutée, enseignée et appliquée par des multitudes aujourd'hui au XXIe siècle dans toutes les langues du monde, ce que Paul n'aurait jamais pu imaginer un instant.

S'il ne reste de nos jours que des vestiges de la ville antique de Philippes, le potentiel spirituel du message de Paul continue de révolutionner le monde, une personne à la fois, un potentiel à la fois. C'est un rappel et un encouragement pour chacun d'entre nous lorsque nous vivons des épisodes de désillusion, de déception, de douleur ou de doute. Malgré tout ce qui, humainement, semble insensé, nous devons continuer à nous offrir à lui, à lui faire confiance, à être résilient, à le servir et persévérer à croire qu'il demeure le Dieu capable de faire infiniment au-delà de tout ce que nous pourrions penser ou imaginer, malgré les limites apparentes de nos circonstances. C'est une des réalités spirituelles que l'on ne doit jamais perdre de vue lorsque nous participons à l'œuvre de Dieu, quel que soit notre portion ou notre rôle. Les partis politiques et les élections passeront, les biens matériels disparaitront, les pensions de retraite et tout le reste se dissiperont un jour. Toutefois, lorsque nous participons à l'avancement du Royaume de Dieu sur terre, nous contribuons à bâtir une œuvre surnaturelle au potentiel éternel qui transforme des vies une personne à la fois, pour toujours.

Réfléchissez un instant à cette réalité. La perspective chrétienne sur l'histoire humaine est un continuum. *Dieu est Alpha et Oméga* (la première et la dernière lettre de l'alphabet grec), *le commencement et la fin* (Apocalypse 22.13). L'histoire de l'humanité ne se déroule pas au hasard et sans direction. Le dénouement ultime de toute chose (et de notre vie) est sous le contrôle d'un Dieu sans limites, omniscient et éternel. Nous avons un rôle à jouer dans notre portion de vie, notre page d'histoire. L'épître aux Philippiens, c'est plus qu'une simple lettre, c'est un message de Dieu, un rappel divin.

La ville de Philippes

Du fond de sa sordide cellule, Paul adressa sa courte lettre (composée de seulement quatre chapitres) à l'église de Philippes. Une église qu'il avait lui-même fondée dix ans aupara-vant lors de son second voyage missionnaire[5].

La ville de Philippes, localisée au nord-est de la Grèce moderne, était à cette époque une des plus grandes au monde. C'était une colonie romaine, une métropole cosmopolite sur la route commerciale de l'empire, bouillonnante de culture et d'art.

Lorsque Paul y débarqua pour la première fois, il y découvrit une cité totalement assimilée et imprégnée de la culture romaine ; une culture de pouvoir et de corruption politique ; un éthos social où les dirigeants et hauts responsables d'État se servaient des gens au lieu de les servir. C'était une culture matérialiste où régnaient nombres d'injustices, de cruauté et où les vulnérables et démunis étaient oubliés ou exploités. Selon la toile de fond religieuse de l'époque, chacun façonnait son propre dieu à sa guise et les citoyens romains invoquaient régulièrement les morts pour leur demander de les guider, mais sans avoir la moindre pensée ou considération pour le Dieu vivant, le Christ ressuscité et son peuple sur la Terre, soit l'Église. C'était une culture foncièrement anti-Christ. Elle était farouchement opposée à l'inspiration divine de la Parole de Dieu, et pourtant, à cet endroit, l'apôtre Paul fonde une Église d'impact et rappelle à tous que, quels que soient les circonstances, la culture ou les obstacles qui nous entourent, la Parole de Dieu n'est jamais liée. Son œuvre dans les êtres humains, les sociétés et l'Histoire est immuable et sans limites.

Deux mille ans plus tard, je me tiens aux côtés de Paul et je rappelle à chaque croyant, leader, pasteur œuvrant dans la province de Québec ou la francophonie, dans des villes et des pays où vous trouvez l'environnement hostile, tel une muraille infranchissable, que ces limitations humaines ne peuvent en aucun cas devenir une excuse. Quels que soient l'éthos socioculturel, les tendances et le contexte dans lequel vous œuvrez, il existe toujours des possibilités d'atteindre nos contemporains, *car Là où le péché abonde, la grâce de Dieu surabonde*[6]. Ceux qui paraissent les plus fermés, hostiles ou indifférents à l'Évangile portent bien souvent en eux une blessure, une amertume, une colère contre les institutions religieuses, une méfiance face à ce qu'ils ont connu. Cependant, eux aussi aspirent, dans le secret de leur conscience et dans la chambre de leur cœur, là où les murs sont tapissés d'ombres tristes et de douleur, à quelque chose de plus, à quelque chose et à quelqu'un qui transcende l'expérience humaine. Ils ont soif d'absolu, d'authenticité, d'un sens à leur vie, de forces au-delà des leurs, de libération de l'âme et des chaines de leur passé. Ils aspirent à devenir plus et meilleur que la personne qu'ils ont été et sont en ce moment. Chaque sondage le confirme, année après année. Les mêmes sociétés qui ont rejeté le religieux et déploré l'intégrisme ont soif de spiritualité.

C'est ce que nous vivons chaque année depuis plus de deux décennies à l'Église Nouvelle Vie de Longueuil, au Québec. Dans la dernière année, deux mille personnes ont franchi les portes de l'église pour la première fois. À la suite du message de l'Évangile, deux milles personnes sont allées inscrire leur nom à ce que nous appelons «l'Espace Bienvenue», non seulement pour être accueillies, mais bien pour reconnaitre leur besoin de Dieu, pour avoir des réponses à leurs questions et pour qu'on prie avec eux. C'est la raison pour laquelle je veux rappeler à tous ceux qui ressassent qu'au Québec, tout comme dans les villes et pays francophones, la culture est fermée à l'Évangile, que les cœurs, eux, sont bel et bien ouverts. Je déclare par la foi que dans les prochaines années, Dieu va développer son Église au potentiel surnaturel!

Au Québec, tant en région plus rurale qu'en plein cœur des grandes villes, des églises sont implantées et grandissent à un rythme foudroyant et jamais vu auparavant. Ce que Dieu fait ailleurs dans le monde, il le fait aussi chez nous. Nous remercions le Seigneur pour les réveils d'hier et les merveilleux témoignages d'ailleurs, mais nous sommes ici, aujourd'hui, et nous croyons que son potentiel est infiniment plus grand que notre passé.

Une de nos récentes implantations d'église s'est faite en plein cœur de Montréal avec le pasteur David Pothier et une équipe de leaders passionnés et farouchement convaincus du potentiel exponentiel de l'Évangile et de l'Église du Christ. Pendant sept années, Pasteur David a été le pasteur d'Impact Jeunesse, le ministère destiné aux jeunes adultes de l'Église Nouvelle Vie de Longueuil[7]. Là, il a baigné dans une atmosphère spirituelle de : «ils ne savaient pas que c'était impossible, alors ils l'ont fait!» Nous avons préparé cette œuvre de foi dans le jeûne et la prière. Pasteur David et plusieurs centaines de personnes de notre église ont répondu à l'appel de Dieu pour aller fonder La Chapelle[8] dans un des quartiers les plus chauds de Montréal, une des villes ayant le plus bas taux de chrétiens évangéliques au monde. En trois ans à peine, elle est devenue la plus grande église francophone de cette métropole. Des centaines sont baptisés. Les dirigeants ont une vision d'église multisite avec plusieurs réunions sur différents campus. L'église compte déjà au-delà de 1000 personnes au moment où j'écris ces lignes, mais elle sera sans doute beaucoup plus nombreuse quand vous les lirez ☺.

De la lettre de Paul aux Philippiens écrite il y a 2000 ans jusqu'aux rues sombres et agitées de Montréal, à vous et moi aujourd'hui, le potentiel de Dieu est immuable et illimité pour ceux qui l'invitent dans leur vie. Pour moi, cette dynamique n'est pas théorique, mais bien réelle et son impact de transformation est tangible et mesurable. Après plus de trois décennies comme pasteur, je vois quotidiennement des hommes et femmes de tous les âges, cultures et arrière-plans découvrir et accomplir un potentiel de vie qui leur était inconnu et insoupçonné jusqu'au moment où ils prennent la décision de tourner leur vie vers Dieu et réalisent qui il est et qui ils peuvent devenir en Jésus-Christ.

C'est à une aventure et à un cheminement de foi, de découverte, de développement et de destinée dans notre potentiel que je vous convie. Qu'à chaque page, Dieu fasse une œuvre dans votre cœur.

À vos marques, prêt ? C'est parti.

Chapitre 1

....

LE RAPPEL
DU POTENTIEL

Paul et Timothée, serviteurs de Jésus-Christ, à tous
les croyants en Jésus Christ qui sont à Philippes, aux
leaders et aux diacres : que la grâce et la paix vous
soient données de la part de Dieu notre Père et du
Seigneur Jésus-Christ! Je rends grâces à mon Dieu
de tout le souvenir que je garde de vous, ne cessant,
dans toutes mes prières pour vous tous, de manifester
ma joie au sujet de la part que vous prenez à l'Évan-
gile, depuis le premier jour jusqu'à maintenant. Je
suis persuadé que celui qui a commencé en vous cette
bonne œuvre la rendra parfaite pour le jour de Jésus-
Christ. (Philippiens 1.1-6 – Parole Vivante)

Notre volonté passionnée pour découvrir, développer et
multiplier notre plein potentiel doit commencer par un rappel.

Avant d'entreprendre la poursuite de nouvelles «révélations» ou la recherche de «directions» inédites pour notre vie, nous devons nous rappeler ce que Dieu a déjà fait pour nous. Je crois que c'est une des clés les plus puissantes utilisées par le Saint-Esprit pour inspirer la plume de Paul l'écrivain et pour fortifier l'âme de Paul le prisonnier. Là, isolé au fond de sa cellule romaine glauque et insalubre, dans des conditions de vie dégoutantes, abjectes et brutales, tout semble devoir contraindre Paul à composer les premières lignes de son «épître du potentiel» en parlant de sa peine. Tout devrait le pousser à d'abord partager les difficultés qu'il traverse, ses propres doutes ou même son amertume envers ceux qui l'ont délaissé. Pourtant, Paul entame sa lettre en rendant grâces à Dieu et en parlant de sa joie! Pourquoi? Comment? Quel est son secret?

Je rends grâces à mon Dieu de tout le souvenir que je garde de vous, ne cessant, dans toutes mes prières pour vous tous, de manifester ma joie… (Philippiens 1.6)

Inspiré et encouragé par l'Esprit de Dieu, Paul prend une décision de foi courageuse et radicale qui transcende et renverse toutes les circonstances d'injustices qui auraient pu l'étouffer et le réduire à l'horreur de sa condition de prisonnier.

C'est une dynamique de foi qui doit devenir un premier pas quotidien dans notre marche vers la découverte et le développement de notre plein potentiel. Paul se rappelle tout ce que Dieu a déjà fait pour lui. Il se remémore les débuts de l'œuvre extraordinaire à Philippes sous son ministère, dix ans auparavant[1]. En choisissant d'agir ainsi, Paul renouvèle son âme et prend conscience de la fidélité immuable de Dieu. Il a été fidèle hier, il le sera encore aujourd'hui et demain. C'est une décision quotidienne et renouvelée qui peut libérer en nous un potentiel de paix et de joie insoupçonné.

Comme Paul et comme David, le Psalmiste, nous devons aussi chaque jour développer cette aptitude à encourager notre âme, cette capacité à fortifier notre propre esprit en passant en revue les bontés de Dieu. Nous le faisons en nous rappelant sa fidélité, son amour, sa patience, sa provision, sa puissance, ce qu'il a fait pour nous, qui il a été, ses interventions, sa protection, sa souveraineté et sa capacité à transformer le deuil en allégresse! En d'autres termes, c'est notre aptitude à nous rappeler les bienfaits de Dieu et notre attitude de reconnaissance qui détermineront l'altitude de notre potentiel!

Mon âme, bénis l'Éternel et rappelle-toi tous ses bienfaits.
(Psaumes 103.2)

Retenez cette équation du Royaume, elle est porteuse de vie :

APTITUDE + ATTITUDE =
ALTITUDE et ACCOMPLISSEMENT

Cher lecteur, arrêtez-vous et faites ceci maintenant, sérieusement. Prenez un stylo, une feuille blanche ou votre bloc-notes, votre tablette électronique, qu'importe le support, et rappelez-vous ce que Dieu a fait. Comment s'est-il révélé à vous? Comment êtes-vous devenu chrétien? Faites une liste des bénédictions, des personnes que vous aimez et qui vous aiment, de celles qui vous ont aidé et fait du bien, de ce qui vous est précieux, des témoignages que vous avez oubliés et négligés. Je vous défie de prier sincèrement : « Saint-Esprit, toi qui nous conduis dans ta vérité, rappelle-moi les choses belles et vraies que Dieu m'a permis de vivre ». Écrivez ces moments où Dieu s'est servi de vous, où vous l'avez vu agir. Vous vous dites : « Oui, mais... il y a eu les épreuves et déceptions aussi ». Je sais, mais avez-vous remarqué que nous avons tendance à rester accrochés à ce qui nous a fait mal ou déçus ? Faites le choix, comme Paul, d'axer votre cœur et vos pensées, puis vos conversations et vos actions sur ce que Dieu a fait. Déclarez : « Je rends grâces à Dieu pour tout le souvenir que je garde de... »

En méditant sur tout ce que Dieu avait accompli à Philippes en une décennie à peine, Paul se souvient avec émotion des très humbles commencements. Parce qu'en effet, à Philippes, tout avait commencé avec un rêve.

Le rêve

Alors que nous étions encore en Turquie, pendant la nuit, Paul eut un rêve. Un homme de Macédoine lui apparut, et lui fit cette prière : Viens en Macédoine, secours-nous ! Après cette vision de Paul, nous avons aussitôt cherché à nous rendre en Macédoine, concluant que le Seigneur nous appelait à y annoncer la bonne nouvelle. Étant partis de Turquie, nous avons fait voile directement vers les côtes grecques (...) Nous sommes finalement arrivés à Philippes, qui est la première ville d'un district de

Macédoine, et une colonie. Nous avons passé ensuite quelques jours dans cette ville. (Actes 16.9-12 – Parole Vivante)

Ce rêve nous est rapporté dans le livre des Actes des apôtres au chapitre 16. Paul effectuait à ce moment-là son second voyage missionnaire. Il parcourait le territoire de la Turquie moderne pour annoncer l'Évangile et bâtir plusieurs églises d'impact au cœur des plus grandes villes du pays. C'est lors de cette mission qu'en pleine nuit, pendant un temps en prière, Paul eut une vision qui venait de Dieu. Celle d'un homme à genoux qui l'implorait : « *Viens nous aider, viens à notre secours en Macédoine[2]* » (Actes 16.9). Dès le lendemain et sans avoir la moindre idée de ce qui les attendait dans cette région du monde qui leur était parfaitement inconnue, Paul et ses partenaires de ministère (Luc, médecin et disciple du Seigneur Jésus, et Silas) suivirent cette direction et inspiration divine, et décidèrent de rejoindre au plus vite les côtes grecques.

L'obéissance de Paul à ce rêve fragile fit naitre l'église de Philippes, puis de l'église de Philippes naquit «l'épître du Potentiel», une lettre qui continue de toucher des millions de vies, une personne à la fois, près de deux mille ans après sa rédaction.

Pourtant, Paul était en apparence un homme brisé et fini, gisant au fond d'une cellule souterraine nauséabonde, entouré des pires criminels. Malgré tout, des profondeurs de la solitude et de l'opaque obscurité, une lumière allait poindre, laquelle nous illumine encore aujourd'hui. Tout cela parce que Paul s'était rappelé ce que l'obéissance à Dieu avait produit. Imaginez un instant tout ce qui aurait pu être manqué ou perdu à tout jamais s'il n'avait pas écouté, s'il n'avait pas cru en ce rêve, s'il n'avait pas eu ce cœur qui recherche, est réceptif et répond. Je frémis en pensant à tout ce qui aurait pu être avorté si Paul, comme plusieurs d'entre nous le font trop souvent, s'était caché derrière un argumentaire d'autojustification fondé sur un barrage de raisonnements logiques pour lesquels son rêve ne pourrait jamais voir le jour. Lorsque le murmure de Dieu parle à son cœur, Paul repousse et refuse l'incrédulité qui le limite et choisit d'obéir.

Encore aujourd'hui, Dieu parle à notre cœur et à notre esprit. D'immenses bénédictions peuvent émerger de la moindre obéissance aux impressions qui semblent banales ou anodines. Les murmures de Dieu peuvent devenir des moments et mouvements miraculeux.

Dix ans après avoir reçu ce rêve, bien qu'étant reclus au fond d'une prison de privation, Paul put s'élever au-dessus de ses circonstances et s'encourager en repassant dans son cœur tout le souvenir de l'œuvre miraculeuse accomplie à Philippes.

Paul réalise et incarne le potentiel extraordinaire de paix et de joie qui dort en chacun de nous et qui ne demande qu'à être libéré lorsque nous choisissons l'obéissance et la foi, et que nous croyons au rêve que Dieu a déposé en nous. En s'encourageant, Paul nous défie à croire, à écouter et à investir encore dans les impressions, pensées et rêves de Dieu pour nous.

À présent, la question est : et vous, quel rêve sommeille en vous depuis des années ? Alors que vous lisez régulièrement sa Parole et passez des temps en prière en choisissant de mettre de côté *Facebook, Twitter, Instagram, Netflix, YouTube* et autres, quelle est la pensée qui vous revient sans cesse ? « *Cesse ce comportement, commences-en un nouveau ; arrête ou développe cette habitude ; prends conscience de cette dépendance ; commence à investir dans cette personne ; choisis de relâcher, de pardonner, demande pardon, donne, aime, parle, écoute, prépare-toi, consacre-toi à ce que je te mets à cœur ; réponds à cette invitation, saisis cette occasion ; ne remets pas à demain ; ce message est pour toi, vas-y, je serai avec toi, avance, fonce !»* Lorsque la voix de Dieu se fait entendre en votre for intérieur, agissez, obéissez. Vous ne pouvez imaginer le potentiel extraordinaire qui existe derrière chaque pas concret d'obéissance pour son Royaume et l'avancement de son œuvre en vous et par vous.

Notre église est remplie d'hommes et de femmes de tous les âges et arrière-plans qui ont répondu à une simple impression du Seigneur et qui ont expérimenté des récoltes surnaturelles inimaginables. André Faucher était un homme d'affaires chrétien prospère dans le domaine de la construction et électricien de formation qui carburait au succès. Après une série d'événements et de coups durs en rafale, victime d'une récession sévère, mais aussi de pratiques frauduleuses dans son entourage, André se vit forcé de faire ce qui lui aurait semblé impensable quelques années auparavant : déclarer faillite et remettre les clés de ses bâtiments et véhicules de service à son institution bancaire. C'était le jour le plus triste de sa vie. Il priait Dieu, lui demandant s'il se relèverait de cette épreuve. C'est ainsi qu'une pensée l'envahit alors qu'il croisait des sans-abris[3] dans les rues de sa ville : *«Toi qui avais tout, tu aurais pu te retrouver comme eux. Tu vas les aider. Sans jugement, mais avec l'amour de Christ».*

Dans les mois qui suivirent, André et son épouse Linda commencèrent à servir des repas et à distribuer des vêtements à cette meute d'humanité qui déambule avec désespoir dans les rues de Montréal.

Aujourd'hui, leur ministère connait un essor extraordinaire. Une grande équipe de bénévoles s'est jointe à eux et, ensemble, ils distribuent des repas chauds ainsi que des vêtements d'hiver tout en partageant l'amour et l'espoir de l'Évangile de Christ à plus de 300 personnes de tous âges vivant dans la rue, 52 semaines par année, du -30 °C hivernal québécois au 30 °C étouffant des étés sur le béton et dans la saleté de la ville. Leur organisme, *Un cœur pour les autres*[4] est devenu un modèle, une référence et une inspiration au Québec. Dieu a transformé une saison d'épreuves et de désert pour André et Linda en un moment divin où il a insufflé et inspiré un rêve au potentiel pour Christ et pour les hommes, au-delà de tout ce qui aurait pu être imaginé.

C'est ce que le Seigneur veut faire pour vous, aujourd'hui.

Les conversions

Je rends grâces à mon Dieu de tout le souvenir que je garde de vous, ne cessant, dans toutes mes prières pour vous tous, de manifester ma joie au sujet de la part que vous prenez à l'Évangile, depuis le premier jour jusqu'à maintenant. (Philipiens 1.3-5)

Non seulement Paul se rappelait-il du rêve qui avait conduit à l'implantation de l'église de Philippes, mais il se souvenait aussi des premières personnes qui l'avaient composé : *Tout le souvenir que je garde de vous.* Paul se rappelait les premières conversions, la façon dont des hommes et des femmes de divers milieux avaient tourné leur cœur vers Dieu.

À l'église de Philippes, le rêve avait commencé très modestement. En effet, si vous aviez été un visiteur de passage à Philippes un dimanche matin, vous y auriez trouvé une jeune église en devenir avec à peine quatre nouveaux membres ! ☺ J'aimerais vous présenter ces quatre personnes d'arrière-plans opposés et que rien ne semblait pouvoir réunir. Quatre vies et quatre témoignages qui continuent, deux-mille ans plus tard, de nous rappeler le potentiel extraordinaire et sans limites qui réside dans chaque être humain qui décide de donner sa vie au Seigneur. Il s'agit de Timothée, de Lydie, d'une jeune esclave et d'un geôlier.

Il est important que vous les connaissiez mieux parce qu'ils représentent des personnes de notre entourage, des personnes, des âmes que le Seigneur nous appelle à toucher, à comprendre, à aimer et à libérer par la puissance de l'Évangile de Christ.

Timothée

Et voici, il y avait là un disciple nommé Timothée, fils d'une femme juive fidèle et d'un père grec. Les frères rendaient de lui un bon témoignage. (Actes 16.1)

On trouve le témoignage de Timothée dans le livre des Actes des apôtres au chapitre 16.1-4 et plus tard dans les deux lettres que Paul lui avait adressées (1re et 2e épîtres de Paul à Timothée).

On y découvre un jeune homme timide, possédant un «bon témoignage», mais trainant derrière lui un passé religieux confus. Timothée avait certes un arrière-plan de connaissance de la Bible de par sa mère Loïs et sa grand-mère Eunice, deux femmes de foi (2 Timothée 1.5), mais nous ne connaissons rien du passé spirituel de son père. Nous savons simplement que c'était un homme d'origine grecque, et donc vraisemblablement irréligieux ou polythéiste d'après le consensus des théologiens et historiens qui étudient les tendances religieuses et philosophiques de l'époque[5]. Timothée a grandi en apprenant à composer avec ce manquement, ce besoin, cette quête d'un modèle spirituel auquel il aurait pu s'identifier et duquel il aurait pu apprendre à articuler et vivre concrètement sa foi. Pourtant, lorsque sa route croisa celle de l'apôtre Paul, Timothée était à l'aube d'une aventure extraordinaire dont il ne pouvait soupçonner l'impact ni la portée.

Timothée incarne une nouvelle génération de jeunes à l'arrière-plan spirituel que j'appellerais «*whatever*»[6]. Certains ont dans leur famille des membres qui connaissent le Seigneur, des parents qui sont des chrétiens engagés, mais tous ont besoin, comme le jeune Timothée, d'en arriver à leurs propres conversion, décision et expérience avec Dieu.

Comme un père dans la foi, je veux aussi m'adresser aux Timothée modernes qui ont grandi dans un environnement chrétien. Je sais que certains ont été refroidis, blessés et rendus cyniques ou méfiants à l'égard de Dieu à cause de ce qu'ils ont vu, entendu, vécu dans des familles ou des églises chrétiennes. L'apôtre Paul encourage le jeune Timothée à retenir *dans la foi et dans l'amour qui est en Jésus-Christ, le modèle et les saintes paroles que tu as entendues de moi. Garde toutes les belles choses qui t'ont été confiées au moyen de l'Esprit qui habite en nous* (2 Timothée 1.13-14).

C'est ce que vous devez faire aussi. Retenez ce qui est beau et bon, rejetez le reste[7]. Au fil des années, vous réaliserez et reconnaitrez la justesse et la valeur des principes et exemples à intégrer et émuler dans le christianisme et chez les chrétiens que vous côtoyez.

Nous retrouvons le chemin vers notre potentiel en Dieu lorsque nous laissons son Esprit nous rappeler et nous ramener aux exemples de chrétiens authentiques qui ont marqué notre vie positivement.

Votre passé n'a pas d'avenir

J'ai donné ma vie au Seigneur à l'âge de 17 ans et j'ai eu mon lot de désillusions, de déceptions et même de trahisons profondes. Très tôt, j'ai dû choisir de relâcher au quotidien les boulets d'amertume et de blâme pour suivre les traces de nombreux mentors et modèles magnifiques que Dieu a mis sur mon chemin.

Certains sociologues et psychologues modernes ont surnommé la jeune génération actuelle YOLO (*You Only Live Once,* soit «on ne vit qu'une fois»)[8]. Pour certains observateurs des générations X, Y et Z, l'éthos YOLO se traduit par l'égocentrisme (la génération MOI) et par un rejet apparent des conventions et de l'autorité sous toutes ses formes. Cette mentalité se caractérise aussi par une poursuite hédoniste de réalisation personnelle. Peu soucieuse des autres et souvent empreinte d'un relativisme moral et éthique, la génération YOLO nous est présentée comme étant hermétiquement fermée à l'Évangile. En fait, je crois que derrière son indifférence affichée se cachent une faim, une soif de sens, de justice, d'authenticité et de réponses aux quêtes humaines d'absolu, de vérité et de foi. Chaque année, aux quatre coins du monde, des millions de jeunes se tournent vers Dieu. Les experts en statistiques missiologiques nous confirment même qu'il y a plus de jeunes qui ont donné leur vie au Seigneur et sont devenus chrétiens dans les derniers 25 ans qu'à n'importe quelle autre période de l'histoire !

À cette jeune génération de Timothée, je dis : ton héritage spirituel est magnifique, mais tu as besoin de savoir et d'apprendre comment grandir en Dieu. Tu dois devenir celui que Dieu veut que tu sois et développer le potentiel extraordinaire qu'il a placé en toi, tout comme le jeune Nick.

Témoignage de Nick Vujicic

Nick Vujicic est un Timothée moderne et un modèle dans sa génération.

Ses parents, Boris et Dushka, étaient des chrétiens enracinés dans une foi profonde et une relation authentique avec Dieu. Dans leur jeunesse, ils ont été contraints de fuir l'ex-Yougoslavie (aujourd'hui la Serbie) pour l'Australie afin d'échapper à la persécution du Parti communiste dont ils étaient victimes, simplement parce qu'ils étaient chrétiens. Après de longues années de privation et de persécution, l'Australie devint synonyme d'épanouissement et d'espoir tandis qu'une vie nouvelle s'ouvrait à eux.

Leur bonheur allait bientôt être à son comble lorsqu'à 25 ans, Dushka tomba enceinte. Quelle joie pour ce jeune foyer! La future maman, elle-même infirmière en pédiatrie, était on ne peut mieux placée pour savoir quoi faire ou ne pas faire pour vivre une belle grossesse. Elle ne buvait aucune goutte d'alcool, ne prenait aucun médicament (pas même de l'aspirine). Elle veillait chaque jour à son alimentation et à sa condition physique. Par ailleurs, grâce à ses contacts du milieu hospitalier, Dushka connaissait les meilleurs médecins et gynécologues en ville. Quant à Boris, un jeune comptable et pasteur laïque dans une petite église locale, il priait chaque jour pour la protection et la faveur de Dieu sur son bébé.

Toutefois, le matin du 4 décembre 1982 changerait leur vie à tout jamais. Ce matin-là, Dushka donna naissance à Nick, mais aux cris du nourrisson qui annonçaient la vie se mêlaient les pleurs et les cris d'horreur de ses parents en état de choc. Nick était né sans bras ni jambes.[9]

Le couple Vujicic était en deuil, anéanti par le chagrin. Personne n'envoya de fleurs ni de cadeaux de naissance à Dushka. La petite église était consternée par cette nouvelle. La foi du jeune couple était rudement mise à l'épreuve: «Pourquoi Dieu a-t-il permis cette tragédie? N'es-tu pas le Dieu des promesses? Si Dieu est un Dieu d'amour, pourquoi laisse-t-il quelque chose d'aussi atroce arriver?»

Boris et Dushka furent tentés de tout abandonner et considéraient même placer leur enfant en institution. Mais le Seigneur leur donna, jour après jour, la force de se relever, d'avancer, de prendre soin de Nick sans savoir de quoi serait fait son avenir. De semaines en mois et en années, leur foi en Dieu reprenait vie. Des semences d'espoir, d'avenir et de vision d'un potentiel chez leur jeune garçon commençaient à germer dans leurs cœurs : « Dieu a un plan pour Nick. Il est seul capable de changer notre deuil en allégresse. Il va faire une différence dans la vie de notre garçon ! »

Pour Nick, comme pour Timothée hier et vous aujourd'hui, la foi des parents n'était pas suffisante. Il devait personnellement expérimenter le pardon, la grâce et l'espoir offerts en Jésus-Christ. De plus, il devait non seulement composer avec son handicap et ses questions, mais aussi avec la méchanceté cruelle et incessante de certains enfants dont il fut victime tout au long de sa scolarité. À 10 ans à peine, ce fardeau était devenu trop lourd. À l'âge où les garçons jouent au foot et dévalent les rues en vélo, Nick tenta de se suicider. « Je demandai à mon père de me laisser seul dans le bain. Lorsqu'il eut quitté la pièce, je me laissai lentement glisser sous l'eau. Je voulais en finir une fois pour toutes. Toutefois, au seuil de la mort par asphyxie, j'eus cette vision de mes parents assistant à mes funérailles et répétant sans cesse : "Notre amour et notre foi n'ont pas été suffisants pour notre fils". Cette image poignante, symbolisant la foi de mes parents, me fit croire qu'il y avait encore un potentiel d'épanouissement pour ma vie ».

Ce jour-là, il décida de continuer à vivre et même s'il n'était pas en mesure de concevoir ce que Dieu pourrait bien faire à travers lui, Nick voulait « donner une chance à Dieu ».

Malgré tout, une question continuait inlassablement de le tourmenter jour et nuit : « *Pourquoi ? Pourquoi moi ? Seigneur Pourquoi ?…* » Si Dieu répondait à sa prière, il lui donnerait sa vie et le servirait.

À 15 ans, Nick fut conduit à lire ce passage dans l'Évangile de Jean au chapitre 9 où *Jésus vit, en passant, un homme aveugle de naissance. Et ses disciples lui posèrent alors la question : Seigneur, pourquoi ?* Le Saint-Esprit saisit alors le cœur de Nick et fit résonner dans son âme la réponse de Jésus comme un appel personnel et vocationnel à lui donner sa vie et à le servir : *C'est afin que les œuvres de Dieu soient manifestées en lui.*

Ce jour-là, Nick se donna au Seigneur et débuta son pèlerinage et son cheminement vers le développement de son potentiel insoupçonné pour Dieu. Avec humilité, simplicité et authenticité, Nick commença à donner son témoignage dans des groupes jeunesse, des écoles et des hôpitaux. Il racontait avec passion et onction comment sa foi en Jésus-Christ avait donné un sens réel et profond à sa vie.

Des années plus tard, Nick est aujourd'hui à la tête de l'organisme missionnaire et humanitaire *Life without Limbs*[10] (la vie sans bras ni jambes) qui chapeaute ses conférences aux quatre coins de la planète, rassemblant des foules inouïes. Les chiffres les plus conservateurs estiment à plus d'un demi-million le nombre d'âmes venues à Christ en réponse à ses messages et ensuite mises en relation avec une église locale[11]. Il est aujourd'hui un époux et le père de deux enfants en parfaite santé. Sa vie lance un défi de foi et de résilience à tous les Timothée modernes : «Je garde une paire de souliers dans mon placard parce que je crois aux miracles. Je suis là, sans bras ni jambes, mais avec une famille : mon épouse, mes enfants, des gens qui m'aiment. Le plus grand miracle, c'est de voir des personnes venir à Dieu. Priez pour sa force et sa grâce, quelle que soit l'épreuve, et Dieu vous aidera, une journée à la fois. Il a toujours un plan, il est toujours amour et il est toujours fidèle. Ne sous-estimez jamais le potentiel qu'il a placé en vous».

Cet Évangile magnifique est non seulement pour ceux qui, comme Nick ou Timothée, semblaient avoir perdu beaucoup, mais aussi pour ceux qui, comme Lydie, semblent tout avoir, mais à qui il manque l'essentiel.

Lydie ou les limites du matérialisme

Le samedi, jour du sabbat, nous nous sommes rendus hors de la ville, vers une rivière, où nous pensions que se trouvait un lieu de prière. Nous nous sommes assis et avons commencé à parler aux femmes qui étaient réunies. L'une d'elles, nommée Lydie, marchande de pourpre de la ville de Thyatire, était une femme craignant Dieu, et elle écoutait. Le Seigneur lui ouvrit le cœur pour qu'elle soit attentive à ce que disait Paul. Lorsque, par la suite, elle et sa famille se firent baptiser, Lydie fit cette demande : Si vous me jugez fidèle au Seigneur, entrez dans ma maison, et demeurez-y. (Actes 16.13-15)

Lydie[12] vient de la ville de Thyatire (située à l'ouest de la Turquie) et possède une résidence secondaire à Philippes. C'est une femme d'affaires, magnat de l'industrie du vêtement et de la mode, des sphères habituellement réservées aux hommes à cette époque. C'est une femme d'influence, sans doute à la tête d'une fortune importante. Dans une version moderne, imaginez Donatella Versace, styliste de la maison de haute couture Prada.

LE RAPPEL DU POTENTIEL

Lydie possédait tous les biens matériels dont elle pouvait rêver plus jeune. Elle incarne tous ceux qui ont des carrières florissantes, du succès, des possessions matérielles, mais qui, au fond de leur âme, crient : «J'ai besoin de plus. Il faut qu'il y ait plus que tout cela». Lydie ressentait profondément la réalité de cette citation du philosophe français Blaise Pascal : *Il y a dans le cœur de l'homme un vide ayant la forme de Dieu.* Un vide que tout son succès matériel ne parvenait pas à combler. Elle en était arrivée, comme des millions de personnes, aux limites décevantes et vides de sens d'une vie axée sur la consommation et le matérialisme.

Le concept de matérialisme[13] a d'abord été imaginé par le philosophe irlandais George Berkeley qui s'en servait seulement pour désigner la croyance à la réalité de la matière. La signification de ce terme fut ensuite étendue pour désigner la théorie selon laquelle il n'existe rien d'autre que la matière. Le matérialisme, c'est l'attitude ou le comportement de celui qui s'attache avec jouissance aux biens, aux valeurs et aux plaisirs matériels. C'est la doctrine philosophique prônée par nos sociétés occidentales postmodernes qui affirme le primat du matériel sur l'esprit, négligeant, ignorant ou rejetant l'existence ou l'importance de principes ou besoins spirituels.

Cependant, le matérialisme finit toujours par décevoir cruellement parce qu'il rend nos vies de plus en plus insignifiantes et superficielles, nous désensibilisant et nous détournant de nos besoins intérieurs et de ceux des autres. Poussée à son extrême, la poursuite effrénée d'une vie centrée sur la consommation à tout prix finit par faire de nous des insensés, nous conduisant à dépenser trop pour acquérir des biens dont nous n'avions pas besoin. Laissez-moi vous donner un exemple qui, à mon sens, est d'un ridicule avéré, mais qui illustre bien la futilité de la poursuite du «plus» et du «meilleur».

J'ai lu récemment dans la presse, avec une certaine consternation, un article consacré au *café Kopi-Luwak Diamond*, le soi-disant meilleur café au monde[14]. Je vous laisse apprécier son prix modique de cinquante mille dollars le kilo! Or, s'il faut environ 10 grammes de café pour confectionner un bon expresso, vous devrez vous acquitter d'une facture de cinq-cents dollars pour une seule tasse! Assez risible, n'est-ce pas? Mais attendez, ce n'est pas tout. Ce précieux café est vendu dans un somptueux et luxueux coffret millésimé en bois d'ébène rare et en fibre de carbone. Rien que ça!

Cher lecteur, ne commencez pas à économiser pour vous en procurer un échantillon, les futurs acquéreurs seront uniquement choisis sur invitation. En effet, les demandes ont largement dépassé l'offre disponible, puisque les plus grandes fortunes de ce monde se l'arrachent. La crème de la crème du jetset international trié sur le volet, les heureux élus pourront chacun recevoir quatre coffrets de 250 grammes par an et bénéficieront des conseils d'un expert en café afin de maitriser le processus complexe et subtil (ou futile? ☺) de mouture parfaite de ce précieux grain selon les règles de l'art. Assez ridicule me direz-vous? Attendez, je vous ai gardé le meilleur pour la fin…

Le café *Luwak Diamond* possède une dernière particularité pour le moins étonnante. En effet, il est récolté dans les excréments d'une civette asiatique, le luwak (une sorte de croisement entre une belette et un chat sauvage). La civette consomme les cerises du caféier et digère la pulpe, mais pas les noyaux. Dans le tube digestif de l'animal, les sucs gastriques font subir à ces noyaux de caféier une transformation bénéfique, leur conférant un goût caramélisé et chocolaté avant d'achever leur course dans les excréments de l'animal. Les grains sont ensuite minutieusement triés, séchés et torréfiés. Traduction littérale : le café le plus cher au monde et que les plus riches de la planète s'arrachent est récolté à partir des offrandes digestives d'un petit animal sauvage.

Si cet exemple est un peu extrême et dégoutant (je vous l'accorde ☺), il révèle toutefois notre besoin d'entreprendre une réflexion personnelle et sérieuse face au manque de sens et à la folie d'une vie axée sur l'accumulation déséquilibrée de biens matériels afin de paraitre, d'être vu ou reconnu, de faire partie de, d'atteindre un certain statut de valorisation sociale. Nous aussi, nous pouvons nous laisser entrainer dans ce tourbillon de consommation et du «toujours plus». Le cercle vicieux du «profitez-en aujourd'hui et payez plus tard» ou «vous méritez cette voiture» ou «vous êtes plus riche que vous ne le pensez». Nous mettons le doigt dans l'engrenage lorsque nous achetons des choses dont nous n'avons pas besoin, avec l'argent que nous n'avons pas encore, pour impressionner des gens que nous ne connaissons pas vraiment. Cette course folle à la consommation est sans fin et peut devenir néfaste pour notre potentiel, étouffant la semence de sa Parole en nous et retardant ou même avortant notre appel à servir le Seigneur, car *là où est ton trésor, là aussi sera ton cœur…* (Luc 12.34)

Matériellement, Lydie possédait tout et ne manquait de rien. Pourtant, elle avait entamé cette réflexion en profondeur sur l'importance de se détacher du matérialisme afin de développer une dimension spirituelle à sa vie. Elle ne connaissait pas encore le message de l'Évangile et de la grâce trouvée en Jésus-Christ. Lydie n'était pas polythéiste, contrairement aux croyances de son époque et de sa culture sociophilosophique. Elle avait même une certaine «crainte de Dieu» et elle «écoutait» ce que Paul enseignait. Après avoir écouté le message de l'Évangile, elle ouvrit son cœur, donna sa vie au Seigneur et fit de sa maison une sorte de gite où Luc, Silas et Paul pouvaient demeurer et exercer leur ministère. Le potentiel qui résidait en Lydie commença ainsi à se développer.

Nous attendons quelque chose de grand, de spectaculaire, un ministère public, un titre, un poste, une grande prophétie personnelle, alors que le miracle se trouve dans la simplicité et dans des gestes et décisions à notre portée, aujourd'hui. Lydie a ouvert sa maison et un trésor insoupçonné qui changera le cours de sa vie est entré.

Servez aujourd'hui. Aidez dans votre église, là où il y a un besoin. Faites preuve de sensibilité, d'attention, d'écoute, d'hospitalité, de générosité, rendez-vous disponible. Vous ne pouvez pas imaginer toutes les possibilités qui résident dans un simple moment offert à Dieu. Un des mots grecs d'où nous tirons le mot «moment» est *Atomos*, dont les dérivés sont *atome* et *atomique*.

Le professeur, auteur et pasteur Erwin Raphael MacManus nous donne une clé importante à ce sujet[15] : le mot *Atomos* contient le portrait parfait de ce qui est caché dans un moment. L'image de l'atome nous rappelle comment nous pouvons si facilement manquer un moment et en sous-estimer les possibilités. L'atome est considéré comme le symbole de l'unité, la plus petite partie d'un élément appelée communément l'unité irréductible. L'idée est qu'il est impossible de trouver quoi que ce soit de plus petit. Voilà pourquoi vous pouvez si facilement manquer votre moment. Comme des atomes, ces moments avec Dieu viennent et nous sont offerts dans un nombre infini qui semble d'une stature ou d'une mesure insignifiante tant ils sont minuscules. Ils sont si faciles à manquer ou à ignorer. Parallèlement, nous avons l'image de l'atomique cachée dans le moment, une puissance disproportionnée par rapport à l'infinie petitesse de l'atome. Lorsque vous saisissez par la prière le moment avec Dieu, vous déclenchez une réaction spirituelle de proportion atomique !

Le Royaume de Dieu avance encore deux mille ans plus tard, tandis que des Lydies modernes répondent à l'appel et considèrent sérieusement leur potentiel et leur mission pour Dieu et son Église. L'Église, c'est l'espoir du monde, et les Lydies d'aujourd'hui y croient et s'y investissent passionnément. L'Église n'est pas là pour nous. Nous sommes l'Église et nous sommes là pour le monde. Osez demander à Dieu de se servir de vous au quotidien, de vous rendre plus attentif aux gens qui vous entourent. Vous serez étonné et souvent touché par leurs besoins, tout comme la jeune fille assise près de Lydie à l'église de Philippe, il y a deux mille ans.

La jeune esclave

Comme nous allions au lieu de prière, une esclave qui était liée par un esprit méchant, et qui était exploitée par ses maîtres, est venue vers nous. Elle s'est mise à nous suivre, Paul et nous. Elle criait : Ces hommes sont les serviteurs du Dieu Très-Haut, et ils vous annoncent la voie du salut. Elle fit cela pendant plusieurs jours. Puis Paul se retourna, et dit à l'esprit : Je t'ordonne, au nom de Jésus Christ, de sortir d'elle. Et il sortit à l'heure même. (Actes 16.16-18 – Parole Vivante)

Quel humble commencement à l'église de Philippes dont nous parlons encore au XXIᵉ siècle! Ne sous-estimez jamais le jour des petits commencements!

La troisième personne à s'être jointe à l'église de Philippes sous le ministère de Paul, Silas et Timothée était une jeune fille au passé atroce. Elle était totalement en contraste avec Lydie, femme de tête avec une carrière de décideuse qui possédait en abondance et donnait de ses biens. Lydie avair tout, mais la jeune esclave, elle, n'avait rien. On lui avait tout arraché au profit d'autrui. Elle était aussi totalement en contraste avec Timothée et son arrière-plan empreint de valeurs morales et religieuses.

Elle est décrite dans la Bible comme une esclave sans passé ni avenir. Dans une version XXIᵉ siècle, représentez-vous une jeune fille qui a grandi dans un contexte familial et social dysfonctionnel et qui devient victime d'abus ou d'exploitation. Cette jeune esclave a encore aujourd'hui mille visages : des enfants de guerre aux filles et garçons esclaves de travail ou victimes d'exploitation sexuelle par millions à travers le monde. Elle serait cette jeune fille que vous connaissez. Celle que vous côtoyez, celle qui n'a pas eu de «chance dans la vie».

Non seulement elle n'avait rien à offrir, mais elle n'était pas en contrôle de sa destinée, ni socialement, ni émotionnellement, ni psychologiquement, ni spirituellement. Au-delà de son esclavage physique, humain et social, elle était liée par un esprit méchant. Pourtant, elle écoutait, suivait et appréciait l'enseignement des apôtres Paul et Luc. Elle disait d'eux qu'ils *sont les serviteurs du Dieu Très-Haut, et annoncent la voie du salut* (Actes 16.17).

C'est très particulier. Elle avait la bonne confession, mais elle était encore enchaînée, liée par un esprit démoniaque. Cette jeune esclave représente toutes ces personnes qui, semaine après semaine, sont touchées par le message de l'Évangile et confessent : « Ces gens-là, ces chrétiens sont de bonnes personnes, des serviteurs du Très-Haut, et ce qu'ils annoncent est vrai ». Toutefois, elles ont encore des captivités, des dépendances, des liens, de l'oppression, des chaines. Elles ont commencé à voir la lumière, mais ont besoin d'être libérées.

À travers ces lignes, je désire m'adresser à chaque jeune fille ou jeune homme qui s'identifiera à l'histoire de la jeune esclave. Ne vous découragez pas dans votre marche avec Dieu, elle ne fait que commencer. N'abandonnez surtout pas. Le Dieu qui a débuté une œuvre en vous continuera d'agir pour la compléter et l'accomplir. Le Seigneur vous libèrera entièrement afin que vous puissiez vivre le potentiel qu'il a pour vous. L'amour, la patience, la puissance rédemptrice et transformatrice, la grâce, la bonté et la passion de Dieu pour vous guérir et vous libérer se renouvèlent chaque jour.

Parce que j'ai fait des études aux États-Unis, j'ai le privilège de pouvoir couramment traduire simultanément de l'anglais au français. Cela m'a donné l'occasion, en tant que traducteur, de me retrouver aux côtés de certains des leaders chrétiens dont les ministères font partie des plus reconnus de notre époque (David Wilkerson, Jim Cymbala, Tommy Barnett, Jack Hayford, Nicky Cruz, T.L. Osborn, etc.). Parmi ceux-ci, Christine Caine est une des femmes dont le témoignage m'a le plus marqué.

Témoignage de Christine Caine

Christine est une prédicatrice extraordinaire associée à l'église Hillsong d'Australie. Nous l'avons accueillie plusieurs fois à Nouvelle Vie et j'ai été honoré d'être à ses côtés pour traduire ses messages de l'anglais (avec l'accent australien ☺) au français. Christine est une leader exceptionnelle et Dieu l'a revêtue d'une onction puissante qui touche et change les vies, permettant à des centaines de milliers de découvrir leur potentiel sous son ministère.

Pourtant, comme la jeune esclave de l'église de Philippes, la jeunesse de Christine fut marquée par l'abus et la cruauté[16]. Dès sa naissance, en Australie, Christine fut abandonnée par sa mère biologique. Les documents des services sociaux parlent d'«une mère biologique sans intérêt pour son enfant, qui se dépêche de la laisser à l'orphelinat sans regarder en arrière et sans prendre la peine d'inscrire un prénom sur son certificat de naissance». Au lieu d'un nom, elle portait un numéro : 2508.

Christine fut adoptée par une famille d'immigrés grecs orthodoxes. Une famille pauvre et dure. Abusée sexuellement à un très jeune âge par plusieurs hommes de son entourage, et ce, pendant plus de 12 années, Christine tentait en vain d'en parler afin de trouver de l'aide. Malheureusement, à cette époque et dans sa culture d'adoption, la loi du silence régnait. «Lorsque tu es abusée pour la première fois, tu es remplie d'un sentiment de honte et de dégout. Mais lorsque l'horreur se perpétue et se renouvèle inlassablement pendant des années, tu commences à croire que c'est ta faute, que tu l'as mérité. J'ai grandi avec ces profonds sentiments de rejet, de honte, de peur et de colère.»

Christine était sans nom, sans attache, sans passé et sans avenir, tout comme la jeune esclave de Philippes et comme des dizaines de milliers qui, je le prie, liront ce témoignage d'espoir et de foi. «Mon sentier vers la guérison et le pardon n'a pas été instantané. Après avoir découvert la foi en Jésus-Christ par le témoignage d'amis chrétiens, je devais bien admettre que même si mon esprit était "né de nouveau", mon âme, elle, avait été marquée par le passé. Pourquoi Dieu avait-il permis à ces hommes d'abuser de moi pendant toutes ces années? Comment faire confiance et aimer un Dieu qui semblait être resté sourd à mes cris? Toutes ces années d'atrocités passées m'empêchaient encore d'avancer et je ne pouvais pas concevoir le fait que Dieu est amour et que j'avais du prix à ses yeux. Toute cette noirceur dans ma jeunesse avait obscurci ma vision d'un Père céleste. Non seulement cela rongeait mon âme, mais ça étouffait mon avenir et tout le potentiel d'épanouissement que Dieu désirait accomplir en moi. Pendant longtemps j'ai lutté avec Dieu pour simplement apprendre à lui faire confiance (je ne faisais plus confiance à personne). Pas à pas, je dus apprendre à le laisser me rebâtir à son image et lui permettre de guérir mon âme. Il me fallut rassembler tout le courage du monde pour réussir à pardonner et à relâcher mes agresseurs devant Dieu, mes questions sans réponse, ma peine, ma haine et ma douleur. Une nuit, pendant un temps de prière prolongé, alors que je répandais mon cœur devant Dieu, le suppliant de me guérir de toutes ces cicatrices dans mon âme (souvent, des images d'agressions revenaient en boucle dans mon esprit comme dans un film d'horreur), je tombai à genoux et pleurai pendant des heures. Cette nuit-là, j'eus l'impression que des chaines d'amertume et des liens de colère tombaient et se brisaient l'un après l'autre. Je sus que dorénavant, mon passé n'aurait plus de pouvoir sur mon avenir. Puis je m'écriai : "Je leur pardonne Seigneur !" Je ressentis alors un profond sentiment de libération, un poids incommensurable, une charge que je portais depuis 20 ans venait de tomber de mes épaules. J'étais libre».

Graduellement, Christine se mit à servir, à s'impliquer. Elle était fidèle dans les petites choses, donnant son témoignage là où le Seigneur la dirigeait. Puis elle commença à s'occuper de la pastorale jeunesse de l'église Hillsong qui, sous son leadership, connut une croissance extraordinaire. Des centaines de jeunes étaient touchés et transformés par le message rempli d'onction qu'elle partageait chaque semaine. Dieu l'appela ensuite à devenir une voix dans les nations, prêchant trois-cents fois par année aux quatre coins de la planète. Le potentiel de guérison, de libération et d'onction que Dieu avait en réserve pour Christine était infiniment au-delà de tout ce qu'elle pouvait penser ou imaginer !

Aujourd'hui, Christine Caine n'est plus la victime de son sombre passé. C'est une femme de Dieu, une épouse heureuse et la maman comblée de deux belles jeunes filles. Elle et son époux, Nick Caine, ont fondé l'organisme A21[17], une association ayant des bureaux dans 10 pays et qui combat le trafic humain, la prostitution et l'exploitation des mineurs à l'échelle internationale, une personne à la fois. Christine s'est non seulement emparée de tout le potentiel que Dieu avait préparé pour elle, mais consacre sa vie à le faire découvrir à d'autres.

Dieu veut et peut le faire pour toi aussi. Apporte-lui tes cicatrices, tes questions, tes peines, ta honte et ta douleur. *Celui qui a commencé une bonne œuvre en toi va la rendre parfaite.*

L'église de Philippes, avec son potentiel si beau et si illimité, a débuté avec cinq personnes : Pasteur Paul, le jeune Timothée, Lydie la femme d'affaires, la jeune esclave et le geôlier. Attachez votre ceinture, l'histoire de ce dernier n'est pas banale !

Le geôlier

Les maîtres de la jeune esclave, voyant disparaître l'espoir de leur gain, se saisirent de Paul et de Silas et les traînèrent sur la place publique devant les magistrats. Ils les présentèrent aux juges, en disant : Ces hommes troublent notre ville ; ils annoncent des coutumes qu'il ne nous est permis ni de recevoir ni de suivre, à nous qui sommes Romains. La foule se souleva alors contre eux, et les juges, ayant fait arracher leurs vêtements, ordonnèrent qu'on les frappe à coups de bâtons. Après qu'on les ait chargés de coups, ils les jetèrent en prison en recommandant au geôlier de les garder en sécurité. Le geôlier, ayant reçu cet ordre, les jeta dans la prison intérieure et leur mit les chaînes aux pieds.
(Actes 16.19-24 – Parole vivante)

Actes 16.19-24 est le théâtre d'une scène surréaliste qui sert de prélude à notre rencontre avec le quatrième membre de la jeune église de Philippes. Après que Paul et Silas aient annoncé l'Évangile, une violente émeute éclata en plein cœur de cette ville extrêmement hostile aux valeurs chrétiennes et à leur message. La foule se souleva contre les deux prédicateurs, arracha leurs vêtements, les frappa à coups de bâton avant que les autorités locales les jettent en prison, sous la surveillance d'un geôlier, 24 heures sur 24 et 7 jours sur 7.

Les historiens[18] rapportent que ceux qui occupaient ce genre de poste, les gardiens de prisons romaines, étaient souvent d'anciens militaires. Des hommes durs, rompus au combat, qui en avaient tellement vu dans la vie qu'un endurcissement implacable s'était silencieusement emparé de chaque fibre de leur être au fil des années. Dans la Bible, nous avons un aperçu de cette froideur d'âme lorsque, après avoir reçu un ordre pourtant clair de les garder en sécurité, le geôlier décida d'en faire plus. Il les jeta dans la prison intérieure (au trou, pour utiliser le jargon pénitencier) et les enchaina aux pieds. Les chaines des prisons romaines de l'époque étaient conçues dans l'unique but de torturer, en contraignant le prisonnier à une position physique d'atroce souffrance. Ses expériences avaient tellement endurci ce geôlier que seul un tremblement de terre dans sa propre vie aurait pu faire craquer sa carapace. C'est précisément ce scénario stupéfiant qui se produisit sous ses yeux. Un déroulement surpassant en créativité et effets spéciaux les meilleurs scénarios des plus célèbres films et récits d'évasion modernes !

Vers le milieu de la nuit, Paul et Silas priaient et chantaient les louanges de Dieu, et les prisonniers les entendaient. Tout à coup, il se fit un grand tremblement de terre, en sorte que les fondements de la prison furent ébranlés ; au même instant, toutes les portes s'ouvrirent, et les liens de tous les prisonniers furent rompus. Le geôlier se réveilla, et, lorsqu'il vit les portes de la prison ouvertes, il tira son épée et allait se tuer, pensant que les prisonniers s'étaient enfuis. (Actes 16.25-27)

Pour le geôlier, tout était fini. L'implacable loi romaine était claire : si tu laissais échapper un prisonnier, tu serais exécuté[19]. De toute façon, ça faisait des années qu'il n'avait plus d'attentes pour sa vie et qu'il repassait inlassablement dans sa tête le même discours cynique : « *À quoi bon ? Ma vie ne changera jamais. Je suis voué à être un numéro, un geôlier invisible, mort dans mon for intérieur et vidé de tous rêves ou possibilités de changement* ». Nous pouvons imaginer un homme habité par le mal qu'il a fait. Les scènes d'horreurs de son passé le tourmentaient dans une cruelle bande vidéo torturant son âme et le vidant peu à peu, irrémédiablement, du goût de vivre ou de continuer.

Alors, il n'eut qu'un réflexe. Il sortit son épée pour se transpercer la poitrine et ainsi mettre fin à sa vie de médiocrité. Il représente toutes ces personnes qui, encore aujourd'hui, ont si peu d'attentes que lorsqu'un tremblement de terre frappe leur vie, elles choisissent d'y mettre un terme. Foudroyées par un événement douloureux qui surgit et les secoue, la fatidique goutte d'eau faisant déborder le vase, le suicide leur semble être leur unique porte de sortie.

Les *rock stars* d'aujourd'hui, les gens riches et célèbres, les personnes les plus belles et les plus adulées ne sont pas étrangers à ce mal intérieur qui pousse à l'acte fou du suicide. Il y a quelques années, j'étais à *Times Square Church* pour apporter la Parole dans l'église du Pasteur David Wilkerson, en plein cœur de Manhattan, sur le célèbre boulevard Broadway surnommé « le Carrefour du monde ». Je préparais mon message, assis au 25e étage d'un hôtel situé sur la 51e avenue et Broadway. J'avais une vue imprenable sur *Times Square* et le lieu où, dans la soirée du 31 décembre, des centaines de milliers de personnes se retrouvent entassées pour célébrer la nouvelle année lors d'un évènement rediffusé à travers la planète. Ma bible était ouverte devant moi et, en levant les yeux, je fus frappé par deux immenses affiches lumineuses qui surplombaient la foule affairée.

L'une était une publicité d'une maison de haute couture où l'on voyait le mannequin russe Ruslana Korshunova. Cette jeune femme millionnaire avait déjà fait la couverture des plus grands magazines de mode. Elle était belle et rayonnante sur l'immense affiche. Une jeune princesse de Broadway. Pourtant, elle venait de s'enlever la vie, deux jours avant ses 29 ans[20]. Elle s'était jetée du haut de son luxueux penthouse en plein après-midi, sous les regards horrifiés des badauds qui déambulaient en admirant sa beauté, sa richesse et son apparent succès. Elle pouvait tout s'acheter et se permettre, sauf la paix intérieure ou trouver un sens à sa vie.

Sur la seconde affiche, à côté de Ruslana Korshunova, on pouvait voir Heath Ledger. Un jeune acteur surdoué, une étoile de sa génération qui tenait l'affiche avec le second rôle du film *Le chevalier noir* de la série Batman. Il avait été retrouvé mort à la suite d'une overdose de médicaments dans son luxueux appartement new-yorkais. Deux vies, deux destinées, deux geôliers modernes, prisonniers, désespérés derrière les barreaux des cellules de leur passé trouble, de leur présent accablé d'une souffrance devenue insupportable et de leur aveuglement à la possibilité, au potentiel, d'une vie meilleure.

Toutefois, pour notre geôlier d'Actes 16, la fin ne s'écrivit pas avec l'encre de la tragédie. Elle verra plutôt le témoignage et le triomphe pour Dieu. En effet, au moment même où l'épée se rapprochait dangereusement de son cœur qui battait la chamade, il entendit la voix de Paul s'écrier au-dessus des décombres : « *Non ! Ne te fais aucun mal !* » En une fraction de seconde, le cœur du geôlier fut saisi : « *Qui sont ces gens ? Je les ai fait souffrir, mais eux choisissent de rester et de se préoccuper de moi. Eux s'intéressent à ma vie et ne cherchent pas simplement à sauver la leur* ».

Eux, ce sont les enfants de Dieu qui, deux-mille ans plus tard, continuent de crier par-dessus les décombres de la morosité, du cynisme, de l'égocentrisme et du pessimisme ambiant, transcendant leurs propres douleurs, combats et épreuves : « *Non ! Ne te fais aucun mal ! Nous venons t'annoncer, toi qui traverses un tremblement de terre dans ta vie, que Dieu te tend la main. Il veut donner un sens à ta vie et développer le potentiel que tu ne soupçonnes même plus !* »

Nous connaissons tous le phénomène (ou fléau ?) moderne des égoportraits ou *selfies* : une personne se photographie avec son téléphone intelligent, puis partage la photo sur les réseaux sociaux. Habituellement, les gens aiment prendre un *selfie* avec leurs amis, les gens qui composent leur monde, ou mieux, avec des personnes plus connues qu'eux, des vedettes des médias ou de la politique, du sport ou du cinéma. Le but d'un *selfie* est de montrer au plus grand nombre de gens que je suis à tel événement ou avec telle personnalité.

Vous avez sans doute vu un des *selfies* les plus partagés de toute l'histoire de Twitter. Celui qui a été pris par Ellen DeGeneres lors de la cérémonie officielle des Oscars en 2014[21], entourée entre autres de Brad Pitt, Kevin Spacey, Jennifer Lawrence, Jared Leto, Bradley Cooper, Angelina Jolie et consorts. Toute une brochette d'acteurs et d'actrices talentueux et magnifiques appartenant au même cercle privilégié et prestigieux.

L'Église de Jésus-Christ, la communauté du potentiel, c'est l'endroit où les *selfies* sont différents. L'église est l'endroit où, sur le même *selfie*, se retrouvent le jeune Timothée, aux côtés de la femme d'affaires Lydie, tout près de la jeune esclave, épaule contre épaule avec le geôlier au cœur dur. Parce que l'Église, c'est l'endroit où, quels que soient ton passé et ton arrière-plan, tu es mon frère, tu es ma sœur et nous sommes égaux! Chacun d'entre nous et ensemble, nous sommes ce peuple de Dieu qui s'écrit encore: «Ne te fais aucun mal, nous sommes là! Nous connaissons celui qui change les cœurs, les vies, le passé, le présent et l'avenir!» Réalisez-vous que chaque jour vous côtoyez des gens qui, derrière les façades du «tout va bien» et des sourires et échanges convenus, souffrent atrocement et ont perdu le goût de vivre?

Chaque année, nos entendons dans notre église des témoignages de personnes de tous les âges qui ont fait des tentatives de suicide ou ont été hantées par la pensée de mettre fin à leur jour. Elles retrouvent l'espoir et le goût de vivre, puis deviennent des aidants extraordinaires pour d'autres qui sont aux prises avec le même mal de vivre. Chacun porte dans sa foi en Christ la clé qui peut le libérer de ses cellules et ouvrir la porte de sa prison.

L'apôtre Paul nous rappelle le potentiel en devenir qui se trouve en chaque personne qui choisit de donner sa vie au Seigneur Jésus. Il rappelle le potentiel extraordinaire de chaque conversion, mais ceci n'est qu'un commencement. Il poursuit par un second rappel: atteindre notre plein potentiel doit passer par le développement de notre capacité à faire confiance à Dieu. Continuez avec moi. Tourner cette page vous aidera à tourner la page dans plusieurs domaines vitaux, bien plus profondément que vous ne pouvez l'imaginer! Allons-y.

La confiance

Je ne cesse de manifester ma joie au sujet de la part que vous prenez à l'Évangile, depuis le premier jour jusqu'à maintenant. Je suis persuadé que celui qui a commencé en vous cette bonne œuvre la rendra parfaite pour le jour de Jésus Christ. (Philippiens 1.6)

Je suis persuadé[22] : l'expression utilisée ici par Paul provient du mot grec *peitô* que l'on pourrait traduire par «j'ai pleinement confiance» ou «je suis absolument convaincu». Paul décrit cette confiance absolue que ce que Dieu commence, il a lui seul la capacité de le finir. L'apôtre Paul rappelle que par Jésus-Christ, les limites humaines et les sens de loyauté, fidélité et engagement sont redéfinis. Dieu ne nous laissera jamais tomber! Cette vérité doit pénétrer nos cœurs, c'est littéralement une question de vie ou de mort spirituelle. Nous devons prendre autorité contre tous les mensonges qui nous assaillent, contre tout ce qui a été dit ou prédit contre nous. Rien ne peut vous séparer de lui. Il est capable d'accomplir ce qu'il a commencé. C'est la nature même de notre Dieu! Il n'y a pas de limites au potentiel de transformation qu'il veut et peut accomplir en nous.

Nous avons toutefois besoin de renouveler notre pensée quant au concept de «faire confiance», parce que notre niveau de confiance en Dieu est teinté par les limites de notre compréhension et de notre expérience humaine, ainsi que par ce que nous avons connu ou subi. Humainement, notre capacité à faire confiance s'est probablement effritée au fil des années, à force de mensonges, de déceptions, de blessures et de trahisons. Nous en arrivons parfois à ne plus croire à la possibilité de changement en nous-même, à ne plus accorder notre confiance ni nous faire confiance à nous-mêmes. Inconsciemment, nous en arrivons donc à nous représenter un Dieu qui lui aussi finirait par se lasser et se décourager de nous, abandonner notre «cas», jeter l'éponge à force «d'endurer» nos erreurs, nos gaffes, nos chutes. Inconsciemment, nous finissons par humaniser l'engagement de Dieu envers nous. Nous déifions les hommes et humanisons Dieu! Cependant, Dieu n'abandonne jamais ceux qu'il aime. C'est une vérité que vous devez saisir et garder dans votre cœur. Elle doit vous donner une nouvelle vision de qui Dieu est. Nous n'arriverons jamais à bout de sa patience et de sa passion divine. Nous n'épuiserons jamais son pardon illimité. Dieu a la capacité de vous voir au-delà de la façon dont vous et les autres vous perçoivent et vous considèrent.

J'aime particulièrement l'anecdote[23] qui illustre d'une manière limpide l'engagement de Dieu envers chacun de nous. Lorsque Michel-Ange commença à sculpter ce qui fut retenu comme une de ses plus belles œuvres, son *David*, il n'avait au départ qu'un bloc de pierre massif et informe entre les mains. Et lorsqu'on lui demandait ce qu'il s'apprêtait à créer, il répondait:

— Je suis en train de sculpter le plus beau David que vous n'aurez jamais vu!

— Ah oui! Comment pensez-vous vous y prendre? Tout ce que je peux voir, c'est un bloc de pierre...

— C'est très simple, je dois simplement enlever tout ce qui n'est pas David!

La Parole de Dieu nous enseigne que *le Saint-Esprit est l'Esprit de vérité* (Jean 14.17), et qu'il nous enseigne et nous conduit dans toute la vérité, non seulement sur Dieu, l'univers, les choses à venir, les grandes questions existentielles, le Ciel, l'éternité et la vérité concernant les autres, mais aussi sur nous-mêmes, sur ce qui doit être changé en nous. Il nous dévoile ce qui est «*sous la pierre*», ce que personne ne voit encore, et ce qu'il nous rend capables d'ôter de notre vie.

Une des prières les plus courageuses que vous puissiez faire chaque jour est: «Seigneur, par ton Esprit, montre-moi tout ce qui n'est pas de Jésus en moi». Croyez-moi, si vous êtes sincère, il révèlera l'orgueil, l'amertume, l'égoïsme, la jalousie, la rancune, la crédulité, l'endurcissement, l'égarement, un piège dangereux, un cycle de pensées, une relation néfaste au danger pernicieux, une mentalité, attitude ou action qui ne reflète aucunement le caractère de Christ et qui, au contraire, ternit votre témoignage et menace votre destinée et votre influence pour lui, risquant de vous dérober une partie voire toute la vie abondante qu'il a préparée pour vous. Nous devons être renouvelés dans la confiance que chaque jour, le Seigneur Jésus nous dit: «Je sais que plusieurs aspects de ta vie ne me reflètent pas. Je sais que bien des gens ne voient pas le potentiel en toi. Même toi, tu ne penses pas être en mesure de changer, mais j'ai commencé une œuvre en toi et si tu me fais confiance, je ferai émerger de toi le plus beau potentiel que tu puisses imaginer!» Le Dieu de l'univers, si puissant et si proche, se tient devant toi avec ses gants de travail et son coffre à outils, et il te dit: «Fais-moi confiance. Laisse-moi construire et façonner ta vie. Laisse-moi rebâtir et permets-moi de rénover, agrandir et embellir ta vie. Je veux accomplir et compléter l'œuvre que j'ai commencée en toi. Je n'abandonne jamais!» Je dis souvent à notre église que chacun devrait porter une affiche de signalisation en entrant avec l'avertissement suivant: «En construction!»

Si nous lui faisons confiance, Dieu continue indéfiniment et inlassablement d'agir en nous. Ses réserves de patience et de fidélité dans son œuvre rédemptrice et transformatrice pour notre vie, notre couple, nos relations, notre personnalité et notre caractère sont inépuisables.

Dans ce cas, comment expliquer que certains croyants semblent marcher de transformation en transformation, tandis que d'autres, bien que connaissant le Seigneur depuis des décennies, gardent une mauvaise attitude, une dureté dans leurs actions et leurs paroles, une dépendance qui les avilit, les endurcit, les diminue? Comment expliquer cette dichotomie à laquelle nous avons tous été déjà confrontés? Tout repose sur la décision quotidienne de ne jamais cesser de s'abandonner à Dieu. C'est le quatrième rappel du potentiel que Paul adresse aux Philippiens: si vous voulez continuer de progresser dans votre marche avec le Seigneur, ne cessez jamais de vous abandonner à Dieu!»

Nous devons mourir si nous voulons vivre, nous abandonner pour nous approprier l'abondance, relâcher pour recevoir. Cette révélation et ce rappel peuvent révolutionner votre expérience chrétienne.

L'abandon

Car Christ est ma vie et mourir m'est un gain. (Philippiens 1.21)

Un chrétien nait deux fois et ne meurt jamais. Il nait une première fois physiquement, puis une seconde fois spirituellement. Par la suite, il ne meurt jamais. À la fin de notre vie sur cette Terre, à notre dernier souffle, notre corps physique certes s'éteindra, mais pour nous qui avons donné notre vie à Dieu et reçu Christ comme sauveur, mourir est un gain. Nous quittons ce monde pour rejoindre notre Dieu. Nous abandonnons notre corps, notre enveloppe terrestre pour être dans sa présence éternellement et entrer dans l'accomplissement ultime de notre potentiel. Paul nous rappelle cette espérance finale et glorieuse que la mort physique d'un croyant est par-dessus tout un gain et une réalité dans l'après-vie. Si vous êtes chrétien et que vous croyez en l'enseignement de la Bible, vous savez que chacun d'entre nous qui sommes nés de nouveau et qui marchons avec Christ sera toujours vivant, goûtant à toutes les richesses et perfections de Dieu pour des millénaires à venir. Si Christ est notre vie, mourir est un gain éternel[24].

Le Ciel, c'est la perfection, l'épanouissement, la restauration, la joie, la paix et l'amour absolu, alors que toute chose sera rétablie en Christ. Imaginez le moment de plus pur bonheur (la naissance d'un enfant par exemple), de joie parfaite, d'union, d'amitié, d'amour, de reconnaissance, de bien-être, le moment éphémère d'un ultime sentiment d'accomplissement et de fierté (dans le sens noble du terme) que vous avez éprouvé dans votre vie. Multipliez-le à l'infini, sans ombre, limite, regret, ni incertitude, à un niveau même incompréhensible pour nous comme être humain. Cela vous donne un aperçu de la lumière éclatante, une goutte de l'océan de bonheur que nous vivrons dans la présence de Dieu. Oui, la mort est un gain pour chaque chrétien et toutes les larmes et douleurs seront effacées et remplacées à tout jamais.

C'est la première pensée de Paul dans ce verset, mais il y en a une seconde qu'il ne faut pas manquer. C'est un secret que Paul révèle à tous ceux qui ont ce désir de développer leur plein potentiel : mourir est aussi un gain dans le présent, dans cette vie. Lorsque chaque jour nous choisissons de nous abandonner à Dieu, nous mourrons à nous-mêmes. Nous mourrons à notre orgueil, à notre façon de réagir, à notre endurcissement, à nos peurs, notre honte, à ce que nous avons toujours été parce que nous voulons être comme il veut que nous soyons. Je veux mourir à la façon dont j'avais tendance à traiter mon épouse, mon époux ou mes enfants parce que je veux vivre le potentiel qu'il a pour moi. Je veux mourir à l'égoïsme, à mon attachement maladif aux choses matérielles, afin de posséder ses trésors pour moi. Je veux mourir à l'amertume, à la colère, à la dureté, à mon tempérament orgueilleux et impulsif passé, à ce que j'ai toujours été. Je veux mourir à moi-même afin de gagner le potentiel que le

Seigneur a pour moi. Je veux mourir à ce qui me semble impossible, mourir aux situations que je considère comme perdues. Je dois mourir à mon incrédulité parce que Dieu a un gain de foi pour moi. Je choisis de m'abandonner entre ses mains et de lever le drapeau blanc !

J'ai longtemps pensé que l'expression « lever le drapeau blanc » signifiait rendre les armes, capituler, lâcher, abandonner, abdiquer, cesser de se battre. En fait, j'ai récemment découvert qu'il s'agissait d'une tout autre histoire. Selon le Département d'Histoire et Patrimoine du Ministère de la Défense nationale du Canada, voici l'origine exacte de cette expression :

On associe aujourd'hui le drapeau blanc à la capitulation. Un camp de combattants signale à l'autre qu'il se rend, en hissant un bout d'étoffe blanche. Mais il n'en fut pas toujours ainsi. À l'époque de la Nouvelle-France, montrer un drapeau blanc signifiait, au contraire, que l'on voulait s'engager dans le combat. Lorsque survinrent les guerres de religion, au début du XVIIe siècle, un drapeau blanc, sans ornements, évoquant la pureté, devint le symbole du pouvoir royal. À partir de ce moment, le drapeau des régiments fut entièrement blanc. Cela signifiait que le corps des combattants appartenait à l'armée royale. Les vaisseaux de la marine royale française arboraient des pavillons blancs, dépourvus de tout autre motif. Jusqu'à l'adoption, par la France, du drapeau national tricolore en 1790, le pavillon blanc uni fut donc de tous les combats sans que cela n'ait rien à voir avec la capitulation. Tant sur la mer que sur la terre, pour les Français, il était, bien au contraire, le signal d'une lutte acharnée, l'annonce d'un combat et de la conquête de leur ennemi.

En d'autres termes, l'apôtre Paul dit aux Philippiens, à vous et à moi que le potentiel se découvre et se développe lorsque nous levons le drapeau blanc qui annonce le Roi.

J'appelle chaque croyant à faire cette déclaration par la foi : « Seigneur, je lève le drapeau blanc, non pour abandonner, mais pour me rappeler que le Roi est avec moi et qu'il combat pour moi. Je lève le drapeau blanc qui annonce que le Roi est en moi. Je lève le drapeau blanc contre mes ennemis, contre mes dépendances, contre mon passé, contre mes limites, et je déclare le règne de Dieu dans ma vie parce que je crois fermement que si le Seigneur a commencé une œuvre en moi, il va l'achever. Je lève le drapeau blanc, Seigneur, non pour arrêter de combattre, mais pour te remettre mon combat, et surtout pour arrêter de combattre contre toi. Je veux arrêter de te résister, de te limiter, de refuser et repousser les transformations que tu veux faire en moi. Tu as commencé une œuvre et tu n'en as pas fini avec moi. Je veux m'abandonner à toi ».

Avant d'aller plus loin dans notre marche vers le développement de notre plein potentiel, j'aimerais vous poser une question : pendant combien de temps allez-vous résister à Dieu ? Quand allez-vous vous abandonner à lui et lever le drapeau blanc ?

Peut-être vous identifierez-vous à Lydie. Comme elle, votre cœur a été plusieurs fois touché par l'Évangile, vous aimez son message et ses valeurs, mais aujourd'hui, le Seigneur vous appelle à plus, à une décision personnelle. Arrêtez de vous battre seul et de lui résister. Abandonnez-vous à Dieu. Comme le jeune Timothée, vous êtes en contact avec l'Évangile depuis des années. Des gens vous ont parlé de Dieu, de sa Parole, vous avez de la famille ou des amis chrétiens, mais vous devez prendre votre propre décision de vous abandonner à Dieu.

Certains se reconnaitront dans le récit de la jeune fille ou du geôlier. Quelque chose s'est endurci en vous depuis des années. Vous pensez ne plus pouvoir échapper à votre condition de souffrance intérieure. Dieu vous appelle à vous tourner vers lui, à lever le drapeau blanc et à lui soumettre votre souffrance et vos captivités. Je vous promets qu'il y a un potentiel de libération, d'apaisement et de guérison pour celui ou celle qui décide de lever le drapeau blanc.

Pour conclure ce chapitre sur le rappel du potentiel, j'aimerais vous partager le témoignage d'un couple de notre église qui a eu à lever le drapeau blanc de Dieu sur sa vie.

Ben et Anne-Marie, deux jeunes chercheurs en neurosciences, se sont rencontrés à l'Université McGill, en plein cœur de Montréal. Ils se sont aimés (je les ai mariés ☺) et ont eu un premier enfant, un beau garçon : Reuben. La jeune famille avançait sereinement vers un avenir qui semblait des plus prometteur. Jusqu'au matin du 1ᵉʳ janvier 2012. Leur petit garçon Reuben, alors âgé d'à peine 18 mois, était hospitalisé depuis quelques jours pour traiter ce qui, selon les médecins, semblait être une pneumonie. Ce matin-là, après de nouveaux tests, les médecins durent se raviser et leur annoncèrent l'impensable : «Nous allons vous demander de vous assoir. Nous avons tous été surpris. C'est grave. Votre bébé, Reuben, combat un cancer au stade le plus avancé...»

Les mots ont leur limite, leur pudeur. Ils ne pourraient décrire la douleur et la noirceur qui s'empara du jeune couple. Le cauchemar de tout parent était brutalement et soudainement devenu leur réalité. Dans les minutes qui suivirent, les parents d'Anne-Marie et moi-même accourûmes dans la chambre d'hôpital. Je me souviens d'avoir dû soutenir Ben à bout de bras dans les couloirs de l'hôpital afin qu'il ne s'effondre pas tant le poids du chagrin semblait vouloir l'écraser. J'avais l'impression de vivre cette scène de la vie de Jacob décrite dans Genèse 37.35 : *Tous les siens accoururent et se rassemblèrent pour le consoler ; mais il ne voulait pas être consolé. Il répétait sans cesse : laissez-moi pleurer jusqu'à en mourir. Et il pleurait son fils...*

Cette nuit-là, Ben et Anne-Marie se couchèrent, blottis l'un contre l'autre, allongés sur un fauteuil d'hôpital inconfortable, sans parvenir à fermer leurs yeux gorgés de larmes. Ben avait sans cesse une main sur le petit corps fragile de Reuben et une autre sur le ventre à peine arrondi d'Anne-Marie. Elle portait leur deuxième enfant dans son sein depuis 3 mois.

Le lendemain matin, tel un zombie aux yeux étourdis par la peine et la peur, Ben retourna dans leur appartement pour rassembler à la hâte quelques effets en prévision de l'hospitalisation de longue durée. Ce faisant, il s'effondra et pria en criant : «Seigneur, au secours!» Une pensée envahit alors chaque fibre de son âme : «*Le combat de ton fils est mon combat. Je vais combattre pour vous et avec vous. Je vais vous montrer ma grandeur et un jour, vous partagerez à ceux qui ne me connaissent pas l'espoir et la force que l'on trouve auprès de moi et de moi seul.*»

En un instant, tout avait changé. Comprenez-moi bien. Les circonstances étaient les mêmes. Reuben souffrait toujours d'un cancer et des mois de traitements effrayants se dressaient devant lui. Anne-Marie devait toujours porter son second bébé tout en accompagnant leur fils en oncologie pédiatrique. Toutefois, à présent, des forces nouvelles et insoupçonnées allaient les porter. Un potentiel de foi, de courage et de résilience était en développement exponentiel. Le jeune couple était envahi de cette inébranlable conviction que le Dieu tout-puissant était à leurs côtés.

Je ne cherche pas à vous présenter un Évangile *light, fake,* de pensée magique, instantané, mystique, dénué de tout sens de la réalité qui nous entoure et des défis auxquels nous devons faire face. Non, le combat de Reuben et de sa famille était toujours aussi réel, mais il serait dorénavant mené en arborant, par la foi, le drapeau blanc qui annonçait le Roi. Au fil des semaines et des mois, j'ai vu Reuben déjouer une à une les statistiques et prédictions les plus sombres de la médecine moderne. Oui, il y a eu douleur. Oui, il y a eu larmes, mais il y a eu la grâce, la faveur et la protection sur ce jeune bébé tout au long de ses traitements de chimiothérapie et de radiothérapie, ainsi que sur ses parents.

Aujourd'hui, Reuben est libre de toute trace de cancer[25]. Il est le grand frère protecteur de Lévi, l'enfant qu'Anne-Marie portait pendant ces mois d'épreuves. Lévi aussi est en parfaite santé, même « trop » parfois, une véritable boule d'énergie selon ses parents ☺. Quant à Ben et Anne-Marie, ils sont ressortis du feu de l'épreuve plus attachés au Seigneur que jamais. Ben a quitté son emploi de chercheur pour répondre à l'appel de servir

Dieu. Il est aujourd'hui un chrétien engagé à l'Église Nouvelle Vie et participe à nos côtés à répandre l'espoir qu'offre le message de l'Évangile à toute une francophonie qui en a tant besoin. Lorsque le dimanche matin, entre deux réunions de l'église, je vois Reuben surgir dans mon bureau en courant et en criant : «Bonjour Pasteur Claude ! Est-ce que mon petit frère Lévi et moi pouvons avoir des bonbons ?» (Eh oui, je garde une réserve de bonbons dans mon bureau) Chaque fois, mon cœur de pasteur, de prédicateur et de père se souvient qu'il existe un potentiel infini et insoupçonné de guérison, de paix et de grâce pour celui qui choisit, quel que soit le combat de sa vie, de lever le drapeau blanc qui annonce le Roi.

En terminant, j'aimerais vous inviter à faire cette prière. Plus qu'une simple répétition, je prie qu'elle devienne pour vous une réalité quotidienne : «Seigneur, enseigne-moi comment m'emparer du potentiel que tu as pour moi. Apprends-moi à cultiver et développer un cœur qui se rappelle tout ce que tu as fait moi. Aide-moi à réaliser tout le potentiel que représente ma conversion. Apprends-moi à te faire confiance, à croire et à saisir cette promesse : que tu achèveras parfaitement ce que tu as commencé en moi. Guide-moi dans cette marche chrétienne courageuse où je choisis, chaque jour, de mourir à moi-même pour être enrichi du gain que tu me réserves. Amen !»

MON POTENTIEL EN QUESTIONS

Pistes de réflexion pour approfondir les pensées de ce chapitre

» Dans quel contexte Paul a-t-il écrit l'épître aux Philippiens ? En quoi cela nous lance-t-il un défi dans notre vie moderne ?

» Quelles sont la définition et la promesse de potentiel de Philippiens 1.6 ?

» À la lecture des témoignages de conversion des premiers chrétiens de l'église de Philippes, remémorez-vous et écrivez dans votre journal tout ce que Dieu a fait pour vous depuis le jour où vous lui avez donné votre vie.

» Méditez sur la notion de confiance (*je suis persuadé*, Philippiens 1.6), au fait que contrairement aux hommes, Dieu finit toujours ce qu'il a commencé, qu'il ne nous abandonne jamais si nous le laissons agir en nous et que nous collaborons. Dans quels aspects de votre vie avez-vous besoin de lui faire davantage confiance ?

» À la lecture du chapitre 1, quels sont certains des obstacles au développement de votre potentiel ?

» Paul nous révèle que notre potentiel s'accomplit lorsque nous apprenons à nous abandonner à lui afin de posséder et d'accomplir les choses les meilleures (Philippiens 1.21). Dans quel aspect de votre vie avez-vous besoin de mourir à vous-même ?

Chapitre 2
....

LA RAISON
DU POTENTIEL

Seulement, conduisez-vous d'une manière digne de
l'Évangile de Christ, afin que, soit que je vienne vous
voir, soit que je reste absent, j'entende dire de vous que
vous demeurez fermes dans un même esprit, com-
battant d'une même âme pour la foi de l'Évangile.
(Philippiens 1.27)

Vous rappelez-vous cette scène burlesque lorsqu'à l'école, votre professeur devait s'absenter quelques instants et laisser la classe sans surveillance ? «Restez tranquilles les amis, je reviens dans cinq minutes…» À peine une fraction de seconde après qu'elle ait fermé la porte derrière elle, c'était le chaos total ! Les gentilles petites têtes blondes, brunes, rousses ou noires, jusqu'ici trompeusement souriantes et obéissantes, se métamorphosaient instantanément en catapulteurs de chaises et tireurs d'élite de stylos, comme les *Gremlins* après minuit. Croyez-moi, j'ai vécu cette scène des dizaines de fois dans mon enfance et tout pouvait arriver dans notre école du quartier Saint-Michel à Montréal ☺.

Vous rappelez-vous, chers parents d'adolescents, ces moments de grande fébrilité où vous avez pu prendre quelques jours de repos à l'extérieur, en couple, laissant la maison à vos ados? «Ok, on n'est pas à la maison, mais voici les consignes...» Puis, prenant votre courage à deux mains, vous avez appelé depuis l'hôtel pour prendre des nouvelles: «Alors, comment ça va?» «Ça va bien, Papa». Mais en arrière-scène, ce sont plutôt des bruits d'hélicoptères, d'incendie, de tornade et d'ambulance qui résonnaient dans le combiné ☺ (j'exagère un peu; tous les parents d'ados ont leurs histoires d'horreurs personnelles et traumatisantes!)

Paul exhorte ainsi les chrétiens de Philippes: «Que je sois là ou non, conduisez-vous d'une manière digne de l'Évangile». Il savait qu'ils agissaient d'une certaine façon en sa présence, mais d'une autre en son absence; d'une certaine façon le dimanche à l'église, mais d'une autre le restant de la semaine à la maison ou au travail. Si les illustrations choisies ci-dessus font sourire, il faut réaliser le sentiment d'urgence qui habitait le cœur et l'esprit de Paul lorsqu'il envoyait ce message. Lui qui survivait au fond d'une prison souterraine à Rome, savait pertinemment que l'heure de sa fin approchait. Il lui restait peu de temps à vivre, mais surtout peu de temps à écrire[1]. Il rappela alors à tous, avec urgence, que *marcher d'une manière digne de Jésus-Christ* ne se réduit pas à une assiduité le dimanche matin à l'église, devant les autres, là où nous sommes tous capables d'arborer notre plus beau sourire et notre bonhomme de circonstance, notre langage le plus chaste et notre habit de chrétien nickel et bien repassé. *Marcher d'une manière digne de Jésus-Christ,* c'est bien plus que cela : c'est tous les jours, 7 jours sur 7 et 24 h sur 24.

Deux mille ans plus tard, c'est habité de ce même sentiment d'urgence que je vous défie et vous appelle à marcher chaque jour d'une marnière digne de l'Évangile. C'est-à-dire, à faire tous vos efforts pour vous conduire de façon à donner de la dignité, de la valeur, de la beauté et de la noblesse au message de l'Évangile de Christ, dans chaque aspect de votre vie, et ce, pour une raison précise et magnifique : afin de devenir des lettres vivantes lues par les hommes ; devenir des hommes et des femmes dont la vie devient un aimant qui attire, une lumière qui éclaire ceux qui vous entourent. C'est cela la raison de notre potentiel. Dans ce seul et unique verset de Philippiens 1.27, l'apôtre Paul aborde deux sphères dans lesquelles nous sommes appelés à nous conduire d'une manière digne de l'Évangile de Christ : dans notre combat pour l'intégrité et pour l'unité.

Notre combat pour l'intégrité

Seulement, conduisez-vous d'une manière digne de l'Évangile de Christ… (Philippiens 1.27)

Permettez-moi de vous donner quelques pensées et citations sur l'intégrité[2].

Le temps que vous passerez seul avec Dieu en prière transformera votre caractère et améliorera considérablement votre vie dévotionnelle. Mais c'est votre capacité à vivre dans l'intégrité qui donnera aux gens qui vous entourent l'envie de connaitre Dieu. – Charles F. Stanley[3] *De l'intégrité de ses foyers découle la force d'une Nation.* Confucius[4] *En tant que leader d'une multinationale, ma priorité est d'évaluer quotidiennement mon niveau d'intégrité.* – Kenneth Chenault[5]

L'intégrité c'est lorsque notre vie et nos paroles sont en harmonie. – John C. Maxwell[6]

Lorsque vous cherchez à recruter de nouveaux employés, vous devez rechercher trois qualités : l'intégrité, l'intelligence et l'énergie. Et s'ils ne possèdent pas la première, les deux autres vous tueront. – Warren Buffet[7]

La qualité suprême d'un leader est son intégrité. Sans intégrité, aucun réel succès n'est possible. C'est vrai sur un terrain de football, sur un champ de bataille et dans notre milieu de travail. – Dwight D. Eisenhower[8]

Celui qui n'est pas intègre dans les petites choses n'est pas digne de confiance pour de plus grandes. – Albert Einstein[9]

Il est bien plus facile de simplement conserver notre intégrité que d'avoir à la rebâtir. – Thomas Paine[10]

L'intégrité seule ne fera pas de vous un leader, mais sans elle, vous n'en serez jamais un. – Zig Ziglar[11]

Presque tous les hommes peuvent faire face à l'adversité, mais si vous voulez réellement tester l'intégrité d'un homme, donnez-lui du pouvoir sur les autres. – Abraham Lincoln[12]

Le mot intégrité vient du latin *interger* qui signifie intact, complet, sans altération ou modification, il fait référence à l'innocence, l'honnêteté, la probité. Par définition, l'intégrité est le caractère ou la qualité d'une personne qu'on ne peut corrompre, dont la conduite et les actes sont irréprochables, purs, transparents et d'une grande honnêteté. En d'autres termes, être intègre, c'est être la même personne partout. C'est être en privé ce que l'on projette être en public. C'est vivre tangiblement ce que l'on prétend vivre théoriquement. C'est vivre aujourd'hui, sans altération, la passion,Royaume la pureté, la droiture et les valeurs de Christ que l'on incarnait hier. C'est être vrai, authentique. La notion d'intégrité dans la vie du chrétien est tellement fondamentale et primordiale pour Paul qu'il commence verset 27 du 1er chapitre avec le mot «seulement».

Dans le grec original, seulement, placé ainsi en début de phrase dans une position d'emphase cruciale, implique une notion de primauté, de suprématie[13]. Aujourd'hui, on pourrait traduire ce terme par : «avant toute chose», «voici la base de tout», «voici quelle doit être la fondation de». En d'autres termes, Paul rappelle à chaque croyant qu'un des piliers de notre vie chrétienne devrait être notre aspiration passionnée à l'intégrité. Non seulement dans l'église, mais surtout en dehors de l'église. Non seulement devant les hommes, mais surtout devant Dieu, chaque jour et jusqu'à ce que nous nous retrouvions devant lui pour rendre compte de notre vie devant le tribunal de Christ[14].

Pour être certain de se faire parfaitement comprendre par les chrétiens de Philippes sur cette notion cruciale qu'est l'intégrité, Paul fait un choix sémantique judicieux et inspiré[15]. Il utilise l'expression «conduisez-vous» qui provient du grec *polis* d'où on tire l'expression moderne «être un citoyen». De cette façon, Paul défiait les chrétiens de Philippes à se démarquer du reste de la population et à se comporter en citoyens intègres. Version XXIe siècle, Paul appelle chacun d'entre nous à être des citoyens intègres, modèles, donnant de la dignité au message de l'Évangile auprès de ceux qui nous entourent.

Cette expression touchait puissamment les chrétiens de Philippes, parce que cette ville était imprégnée d'un extrême sentiment de fierté vis-à-vis de leur citoyenneté romaine. Nous observons clairement cet ultranationalisme dès le soulèvement de la population locale contre les valeurs chrétiennes qu'enseignaient les premiers pasteurs de Philippes: *Ils présentèrent Paul, Timothée et Silas aux magistrats en disant ces hommes troublent notre ville, ils annoncent des coutumes qu'il ne nous est ni permis de recevoir ni de suivre, à nous qui sommes citoyens romains* (Actes 16.20).

«Nous sommes des citoyens romains»[16] était le leitmotiv arrogant qu'on entendait quotidiennement sur les places publiques de Philippes. Les expressions «Vive Rome! Nous vivons pour Rome! Tous les citoyens pour Rome!» étaient ancrées dans le jargon des gens de la ville. Architecturalement aussi, bien que Philippes ait été située à plus de 1 300 km de Rome (une distance qui prenait, à l'époque, des semaines à parcourir), c'était une véritable mini-Rome, pas seulement une colonie romaine, mais une véritable réplique de Rome. À Philippes, on mangeait, on s'habillait, on parlait comme à Rome, on avait les mêmes coutumes et façons de penser et de se comporter que les Romains. Toute une ville empreinte de cet éthos prôné par la culture romaine. Une culture à des années-lumière des valeurs et enseignements présentés par la très jeune Église chrétienne, quelques années à peine après la résurrection de Christ.

Selon les écrits historiques de cette époque, les Romains étaient amoraux et immoraux. Ils n'avaient aucun sens de l'engagement et de la fidélité envers une épouse ou un époux, ni envers leurs enfants. C'était une société de décadence et d'impudicité, régie par des systèmes politiques et humains de corruption, de collusion et où tous les coups étaient permis pour arriver à sa fin. L'égoïsme et l'hédonisme sans frein dictaient les relations et les comportements.

L'apôtre Paul choisit l'expression *« soyez des citoyens intègres »* pour rappeler aux chrétiens de cette ville aux mille pièges qu'ils sont avant tout appelés à être des citoyens du Royaume de Dieu. Oui, nous sommes appelés à honorer les lois et les autorités gouvernementales et législatives de nos pays respectifs. Oui, il nous donne le mandat de prier pour ceux qui nous gouvernent et de servir notre communauté. Le christianisme est réduit, risible et impotent lorsque nous nous cantonnons en communautés sectaires et monastiques ou quand nous restons simplement barricadés derrière nos murs d'églises en ayant une perspective et une mentalité de « nous contre eux ». Pendant trop longtemps, l'Église évangélique a été animée par la funeste pensée de se cacher des « païens » jusqu'au jour du réveil ou du retour de Christ.

Au contraire, nous sommes appelés à être présents, visibles et connus de nos concitoyens pour notre amour, notre droiture, notre compassion, nos engagements de justice humanitaire et communautaire. Mais avant tout, nous sommes des citoyens du Ciel, des citoyens du Royaume de Christ. Le chrétien brille par sa gentillesse, sa bonté, son engagement, sa rigueur, son honnêteté, sa générosité. Il est un modèle au travail, celui qui arrive le plus tôt, fait plus, est digne de confiance. Ses attitudes sont positives, sans condescendance ni propos hautains ou méprisants. Son humour, ses valeurs, ses priorités sont différents. Il dit et vit la vérité, il reconnait ses erreurs, pardonne et donne une autre chance. Il est citoyen d'un Royaume éternel, spirituel, différent et reflétant Christ dans tous ses attributs.

Mais notre citoyenneté à nous est au Ciel. C'est pourquoi vous qui êtes mes bien-aimés, ma joie, mes frères, demeurez fermes dans le Seigneur. (Philippiens 3.20)

Comme les chrétiens de Philippes il y a vingt siècles, nous sommes nous aussi appelés à une autre citoyenneté et à d'autres lois. Les principes, passions et priorités de Christ sont les lois de notre Royaume. À l'infidélité ambiante et banalisée, nous répondons par la loi de la fidélité et de l'engagement. Face à l'amertume, à la haine, au racisme et au mépris sous toutes ses formes, nous sommes motivés par les lois de la grâce, de l'amour, du respect, de la tolérance, de l'inclusion et du pardon. Face à la corruption endémique, à la fraude et l'hypocrisie généralisées, nous incarnons les principes et commandements bibliques d'honnêteté, de transparence et de justice. Environnés par la loi du «chacun pour soi», celle du «*me, myself and I*» et celle de «marche ou crève», nous incarnons les lois de générosité, de partage, d'écoute, de la patience et du développement du potentiel d'autrui, parce qu'avant tout, nous sommes des citoyens du Ciel.

Pour Paul, être un citoyen du Ciel n'est pas un concept ésotérique ou une vision poétique de la vie. Paul ne tente pas de peindre le portrait de chrétiens stupidement béats, jouant de la harpe sur un nuage, dans une espèce de déni mystique et ridicule coupé de la réalité quotidienne qui les entoure. Non, Paul est parfaitement conscient qu'être citoyen du Ciel, c'est avant tout un combat. En effet, l'expression qu'il choisit pour décrire l'attitude d'un citoyen du Ciel est une expression militaire : demeurez fermes. C'était l'ordre que l'on donnait à un soldat pour qu'il reste à son poste et tienne sa position, même en cas d'attaque intense ; pour qu'il ne se sauve pas, même en cas d'assaut. En d'autres termes, Pasteur Paul encourage et motive les chrétiens de son église, comme le ferait un général en chef des armées envers ses soldats au front, aux premières lignes de la bataille, alors que les balles sifflent autour d'eux. Il les encourage à demeurer fidèles à leur poste, à leur appel, à leur vocation, à leur engagement, à leur honnêteté, à leur intégrité, afin de refléter la dignité du message de l'Évangile. Il les encourage à demeurer fidèles à la mesure et selon la beauté, la pureté, la bonté, l'authenticité et l'intégrité incarnées par Christ en nous qui sommes comme lui, porteur de son nom, de sa nature, sa mission et de son Royaume.

C'est un appel qui est encore tellement d'actualité. C'est l'homme d'affaires chrétien qui demeure ferme contre la corruption. C'est la personne qui demeure ferme contre la pornographie.

C'est l'homme ou la femme qui demeure ferme dans son mariage et se refuse catégoriquement tout comportement inapproprié et suggestif avec des collègues de travail du sexe opposé. C'est la maman fatiguée, à l'horaire surchargé, qui demeure ferme face au découragement et à l'envie de tout abandonner. C'est vous, là où vous vivez, quel que soit votre domaine ou sphère d'influence, quelles que soient les pressions auxquelles vous faites face, vous qui demeurez fermes parce que vous réalisez que vous êtes appelés à représenter un Royaume différent par l'Esprit, les forces et les capacités illimitées qu'il met en vous chaque jour, une journée à la fois.

C'est la raison de notre potentiel : incarner les lois du Royaume des Cieux afin d'attirer nos contemporains à Christ. L'apôtre Paul le dit avec franchise et sans ambages ni détours : *Afin que vous soyez irréprochables et purs, des enfants de Dieu irrépréhensibles au milieu d'une génération perverse et corrompue parmi laquelle vous brillez comme des flambeaux dans le monde, portant la parole de vie* (Philippiens 3.15). Rien de moins, c'est notre standard et notre appel.

Notre combat pour l'intégrité est d'une suprême importance parce que l'Église chrétienne est on ne peut plus laide et sans force, pathétique et bien souvent embarrassante, voire inutile, lorsque les chrétiens ne vivent pas ce qu'ils annoncent, lorsque l'intégrité est délaissée, déconsidérée. Toutefois, de l'autre côté du balancier, je vous promets que lorsque chaque croyant comprend et réalise que son premier appel est de vivre d'une manière digne de Jésus-Christ et d'être intègre, vrai, alors le potentiel d'attraction de l'Église est irrésistible.

Tout au long des plus de 30 années de ministère à mon actif, j'ai eu l'immense privilège de rencontrer et de côtoyer d'authentiques citoyens du Ciel. Des chrétiens magnifiques incarnant les lois du Royaume de Christ au milieu de sociétés corrompues ou déchirées par la guerre. J'ai vu ces citoyens du Ciel prier, pardonner et se relever des pires atrocités et drames humains en manifestant une grâce sans limites. Je suis aujourd'hui convaincu que la seule limite possible à la grâce que Dieu nous accorde est celle que nous lui imposons lorsque nous l'empêchons de faire son œuvre en nous. J'ai rencontré des gens et tissé des amitiés pour toujours avec des citoyens du Ciel. Au Moyen-Orient, en Israël ou dans la bande de Gaza, dans l'Égypte pré et post printemps arabe, en Asie, aux Philippines, au Bangladesh, au Népal et dans plus de 35 autres pays, partout sur le continent africain, et particulièrement dans les nations post-génocidaires, j'ai été à la fois bouleversé et profondément fortifié par la foi et le courage surnaturel de chrétiens capables d'une résilience inimaginable et surtout inaccessible sans l'Esprit de Dieu, l'Esprit du potentiel qui habite en eux et les rend tellement beaux, différents et attirants.

Pasteur Étienne, citoyen du Ciel

Un des citoyens du Ciel qui a le plus marqué ma vie dans ces derniers 30 ans est sans conteste Pasteur Étienne[17] au Burundi.

Au printemps 2014, toute la communauté internationale s'était arrêtée lors de la triste commémoration des 20 ans du génocide rwandais où 700 000 à 800 000 personnes avaient péri, assassinées en à peine soixante jours. Il est essentiel et précieux d'honorer la mémoire des victimes de ce drame humanitaire.

Malheureusement, bien peu d'attention a été donnée au Burundi, le pays voisin, où, à cette même période, près de 250 000 à 300 000 personnes ont été tuées en un mois dans de pareilles circonstances d'épuration ethnique. L'écrasement aérien du 6 avril 1994 – où les présidents burundais et rwandais ont perdu la vie – est l'étincelle qui a mis le feu à ces deux nations voisines déclenchant une vague de sang et de massacres insoutenable.[18] J'étais au Rwanda et au Burundi post-génocidaires pour apporter la Parole dans des conférences rassemblant des milliers de pasteurs et leaders de ces deux pays. J'y ai rencontré des centaines de citoyens du Ciel ayant vécu ces atrocités, mais dont la foi était empreinte d'une mesure de grâce, de paix et de profondeur surnaturelle. (Nous oublions trop souvent que derrière chaque tragédie, chaque horreur commise dans le monde, ce sont bien souvent des chrétiens et des églises qui se retrouvent en première ligne.)

Je me rappellerai toute ma vie ce monument sombre près duquel nous nous étions arrêtés pour nous recueillir au bord d'une route au Burundi. Un monument commémoratif en lieu et place d'une ancienne station d'essence portant cette inscription en front : Plus jamais ça. Alors que je demandai aux pasteurs locaux qui m'accompagnaient de me parler des évènements précis ayant inspiré ce monument, c'est le récit d'une horreur macabre et pourtant bien réelle que j'allais entendre ce jour-là. Le genre d'atrocité qui est encore commise aujourd'hui, dans notre XXIe siècle qui se prétend si éduqué et développé. Une histoire bien tristement représentative de milliers d'autres, pour la plupart dépourvues de tout signe commémoratif, qui se sont déroulées pendant ce terrible affrontement génocidaire.

Près de cette station d'essence se trouvait une école primaire ouverte aux élèves tutsi et hutu. Un matin, un professeur d'école primaire – qui fut par la suite un des premiers enseignants arrêtés et condamnés pour crime de guerre – est arrivé en classe, annonçant calmement aux élèves : «Je vais demander à tous les élèves Tutsi de bien vouloir se lever et me suivre dehors où un autobus nous attend. Nous allons faire un tour ensemble». Après les avoir embarqués l'un après l'autre dans l'autobus, il les conduisit jusqu'à une station d'essence, celle où je me retrouvais des années plus tard. Il sortit seul du bus, calmement, et l'aspergea d'essence avant d'y mettre le feu, incinérant vivant tous les enfants qui s'y trouvaient.

«Plus jamais ça», c'était la raison de l'inscription du monument commémoratif où je me retrouvais avec sous mes pieds des dizaines de tombes d'enfants victimes de la cruauté humaine à son effarant paroxysme. C'est dans ce cadre d'après-guerre interethnique et dans ces circonstances de choc post-traumatique à l'échelle nationale que je fis la rencontre d'un citoyen du Ciel tellement inspirant : Pasteur Étienne. Il représente des milliers de chrétiens de notre époque et nous rappelle la raison de notre potentiel, l'impact et l'importance de marcher d'une manière digne de notre vocation.

Pasteur Étienne était mon traducteur officiel lors de nos conférences pour pasteurs et leaders au Burundi. La première chose qui m'avait frappé chez lui était son sourire. Il y avait sur son visage une profondeur et une paix que les mots seuls ne pourraient décrire. Il incarnait et marchait dans une joie plus grande que toutes les tristesses que lui et son peuple avaient traversées.

Après une session de la conférence, je lui demandai de me raconter comment lui et sa famille avaient miraculeusement survécu au génocide dans sa région natale. Il me décrivit alors comment de jeunes garçons de son village, des enfants qu'il avait vu grandir et qui avaient joué avec ses propres enfants, s'étaient soudainement mutés en meute de loups assoiffés de sang, la machette à la main, tuant de maison en maison, emportés par une folie génocidaire. «Je n'ai jamais été aussi convaincu de voir le démoniaque face à face», me confia-t-il.

Au pire du génocide, plusieurs de ces garçons firent irruption dans sa maison, menaçant de trancher à coup de machette le ventre de son épouse enceinte de sept mois. Ils pensaient mourir ce jour-là. Spontanément, son épouse et lui se mirent à genoux, tendant leurs bras vers ces jeunes hommes et priant à voix haute en évoquant leurs prénoms : «Seigneur, pardonneleur». Inexplicablement, en entendant leurs prières, les jeunes assassins reculèrent avant de prendre la fuite. Pasteur Étienne et son épouse étaient demeurés fermes dans leur citoyenneté céleste. Face à la haine et à l'horreur, ils avaient répondu par la grâce, l'amour, la foi, le pardon et la prière, donnant toute sa dignité au message de l'Évangile de Jésus-Christ.

Pasteur Étienne me confia également que dans les mois qui suivirent le génocide, les autorités gouvernementales et locales étaient tellement dépassées par le nombre de cadavres jonchant les rues qu'elles décidèrent d'utiliser des bâtiments civils pour entasser et identifier les dépouilles. L'église de Pasteur Étienne fut réquisitionnée… Imaginez un instant : Pasteur Étienne et les chrétiens de son église se retrouvaient pour écouter la Parole de

Dieu et chanter des cantiques avec en arrière scène, une morgue artisanale faite de morceaux de bois et de sacs plastiques où s'empilaient les cadavres de ceux et celles qu'ils avaient aimés, connus et côtoyés. «Nous étions tous au bout de nous-mêmes. Nous n'étions pas simplement tristes. Nous en étions arrivés aux confins de la tristesse. Nous pensions mourir de chagrin», témoigna Pasteur Étienne.

«Un dimanche, j'ai annoncé à toute la congrégation que la tragédie et l'horreur d'hier ne nous définiraient pas. Que la mort ambiante et environnante d'aujourd'hui ne nous limiterait pas. J'ai alors fait inscrire en grand au-dessus de l'estrade le verset biblique d'Osée 2.15 : *Voici, je t'ouvrirai une porte d'espoir au cœur de la vallée des larmes.* Et j'ai rappelé à chaque chrétien de l'église que nous étions de ceux qui rebâtiraient le pays. La haine et le meurtre avaient ravagé notre nation, mais nous allions la rebâtir à force de grâce et de pardon. Parce qu'il y a toujours une porte d'espérance, quelle que soit la vallée de nos larmes, pour celui ou celle qui place sa foi en Dieu.»

Son épouse et l'enfant qu'elle portait survécurent à l'attaque à la machette. Deux décennies plus tard, j'ai vu leur fils servir Dieu avec ses parents dans un rassemblement où j'apportais la Parole à plus de cinq mille pasteurs et épouses.

Alors que j'écoutais le son de milliers de voix priant dans une si belle et puissante symphonie d'intercession, je m'agenouillai, puis, prostré devant Dieu, lui demandai de renouveler en moi ce sens de ma vocation, de mon appel, non seulement comme pasteur, auteur ou prédicateur, mais simplement comme Chrétien, à marcher d'une manière digne de l'Évangile de Christ et de son potentiel illimité, capable de transformer un cœur, un couple, une famille, une église et même une nation.

Chers amis, en avez-vous assez du superficiel et du rituel sans véritable puissance ni impact ? Je vous appelle et vous défie à un christianisme plus profond, plus vrai, où chaque croyant réalise qu'il est appelé à vivre d'une manière digne de l'Évangile de Jésus-Christ. Quelles que soient la culture et les circonstances qui t'entourent, tu es un citoyen du Ciel appelé à vivre une vie qui honore et élève le nom de Dieu. Oui dans ton église, mais aussi dans ta famille, auprès de ceux que tu connais et qui se sont éloignés de Dieu dans ton milieu de travail ou scolaire et dans ton quartier.

Si je devais vous demander de me citer rapidement des attitudes indignes de l'Évangile, vous me répondriez sans doute dans un souffle : le vol, le meurtre, le mensonge, l'adultère, etc. Toutefois, peu citeraient aussi naturellement et aussi spontanément des comportements tels que l'esprit de dispute, de division, la mesquinerie, le légalisme, la jalousie, l'amertume, les préjugés raciaux, la fraude, l'injustice, le manque de pardon, etc. Pourtant dans le cœur de Dieu, ces comportements sont sur la même échelle «d'indignité», car vivre d'une manière digne de l'Évangile de Christ doit se traduire non seulement dans notre citoyenneté et notre intégrité, mais aussi dans notre combat pour l'unité.

Attention : les prochaines pages peuvent transformer votre vie et multiplier votre potentiel ! Êtes-vous réceptif ? Prêt à écouter ? On continue.

Notre combat pour l'unité

Seulement, conduisez-vous d'une manière digne de l'Évangile de Christ, demeurez fermes dans un même esprit, combattant d'une même âme pour la foi de l'Évangile. (Philippiens 1.27)

Paul s'affaire à communiquer aux Philippiens ce que beaucoup de chrétiens ont encore besoin d'entendre aujourd'hui : marcher d'une manière digne de l'Évangile de Christ, ce n'est pas seulement dans notre relation verticale entre nous et Dieu, mais c'est aussi dans nos relations horizontales entre nous et les personnes que nous côtoyons. Nous pouvons être un chrétien avec une attitude verticale pure et « être en règle » avec Dieu et sa Parole, mais être animé d'un esprit de dispute, avoir de l'amertume dans notre cœur, ne plus parler à un tel ou une telle et vomir des propos critiques sur une base régulière. Paul rappelle que marcher d'une manière digne, c'est aussi s'efforcer de protéger l'unité, faire preuve de gentillesse, de non-jugement. C'est démontrer de l'humilité et de la maturité dans nos relations les uns avec les autres. Pardonner, faire confiance, protéger, encourager, aimer, tolérer et accepter comme seuls des chrétiens peuvent et doivent le faire.

Dans la perspective de Paul, rechercher l'unité les uns avec les autres n'est pas un principe théorique secondaire, mais une preuve tangible de notre salut.

Demeurez fermes dans un même esprit, combattant d'une même âme pour la foi de l'Évangile. Ce qui sera pour vous la preuve de votre salut. (Philippiens 1.27-28)

Selon l'apôtre Paul sous l'inspiration de l'Esprit, si Dieu devait vous convoquer à un «examen et contrôle de preuve de citoyenneté chrétienne annuelle», il ne vérifierait pas seulement si vous avez été baptisé, quand ou de quel baptême il s'agissait, si vous allez régulièrement à l'église, comment vous lisez la Parole, louez Dieu ou si vous connaissez des versets bibliques. Lorsque nous sommes pesés dans la balance avec la mesure de Dieu, nos paroles et nos pensées, nos attitudes, notre niveau de confidentialité, d'humilité, de bonté et de pardon authentique, même lorsque profondément blessés, seront absolument vitaux à la «preuve de notre salut».

Les principales questions ne seront pas : combien de fois êtes-vous allé à l'église ? Pouvez-vous expliquer l'Apocalypse ? Quelle est votre position sur le retour de Christ : avant, pendant ou après la tribulation ? Mais bien plus : vos paroles donnent-elles la vie ou la mort ? Êtes-vous reconnu pour votre gentillesse, votre amour, votre patience et votre pardon ? Édifiez-vous les autres ou les démolissez-vous ? Incarnez-vous l'authentique maturité chrétienne qui consiste à demeurer ferme dans votre combat pour l'unité et la paix ?

Quel portrait splendide de la maturité chrétienne ! En d'autres termes, un chrétien prouve son salut, sa maturité et l'authenticité de sa foi lorsqu'il incarne, initie et participe continuellement aux efforts de réconciliation et de paix. C'est le portrait d'un Chrétien renouvelé dans la compassion et la miséricorde, qui s'examine chaque jour en se questionnant : «De quel esprit suis-je animé ?» C'est un chrétien qui discerne, refuse et repousse l'esprit de dispute et qui choisit et s'efforce de revêtir l'esprit d'apaisement.

Vous savez, parfois, la façon la plus digne de marcher selon l'Évangile, c'est d'apaiser un feu naissant. Lorsque le feu d'un conflit potentiel s'embrase entre chrétiens, entre collègues ou membres d'une famille, à l'église, au travail ou à la maison, entre églises ou entre mouvements d'églises, nous avons le choix d'être de ceux qui jettent une chaudière d'eau pour l'éteindre ou une chaudière d'huile pour l'attiser.

C'est un contraste et un choix. Je choisis l'esprit d'envie, d'égocentrisme, de jalousie, d'amertume, d'orgueil, de critique ou je choisis l'esprit d'amour et de grâce. L'apôtre Paul adresse de façon très directe, voire politiquement incorrecte, cette mentalité de division qui sévissait, rongeait et étouffait la vie de l'Esprit dans l'église de Philippes. Du fond de sa prison romaine, il dit : «Certains parmi vous prêchent l'Évangile, mais sont animés d'un esprit de dispute. D'autres prêchent avec des dispositions bienveillantes. Ceux-là agissent par amour, sachant qu'ils sont établis pour défendre l'Évangile. Mais les autres, animés d'un esprit de conflit, prêchent aussi l'Évangile, mais avec des motifs impurs, ayant la *pensée de me susciter des épreuves*.» (Philippiens 1.15-17)

À l'église de Philippes, chaque jour les chrétiens étaient face à ce choix et ce contraste entre les attitudes, les actions et les décisions qui divisent ou celles qui rassemblent ; entre les paroles qui abaissent ou celles qui élèvent. 2 000 ans plus tard, vous conviendrez que ce même choix et ce même contraste s'offrent au quotidien très tangiblement à vous et moi.

Pour l'exprimer sous une forme imagée, chaque jour, vous avez la possibilité d'être ou non un chrétien microscope et télescope ! ☺

Le microscope nous fait voir la grandeur de ce qui nous semblait petit et le télescope nous rapproche de ce qui nous semblait loin. Or, par notre témoignage, par la manière dont nous nous traitons les uns les autres, à l'amour que nous manifestons les uns envers les autres, par notre pardon, notre grâce, notre maturité, notre patience et notre douceur, nous pouvons devenir des chrétiens microscopes qui révèlent l'infinie grandeur de notre Dieu et la beauté de son Église à toute une génération qui le considère si petit et insignifiant. Et par notre attitude et notre comportement quotidiens nous pouvons devenir des télescopes où nous démontrons et témoignons que Dieu est proche de nous et que notre vie a de la valeur à ses yeux, et ce, à toute une génération qui le considère comme une puissance cosmique lointaine, dépourvue de sentiments et d'engagements, de préoccupation ou de pertinence à sa vie moderne. Notre Dieu est amour et pardon, et cet amour doit être incarné et manifesté par nous, son peuple.

L'importance et la portée du combat pour l'unité au sein de l'église sont le thème d'un livre fascinant qui m'a profondément interpelé. Coécrit par Stephen Mansfield et George Barna, ce livre s'intitule *Guérir l'église qui a souffert : que faire lorsque vous croyez encore en Dieu, mais que vous avez été blessé par son peuple ?*[19] Les auteurs ont étudié sociologiquement et démographiquement l'évolution d'une pléiade d'églises évangéliques contemporaines qui, historiquement, avaient connu des phases de croissances phénoménales. Une des tendances relevées par les auteurs est qu'immanquablement, le plus haut taux de croissance s'enregistrait dans les premières années de l'église avec un ratio de 1 pour 1. C'est-à-dire qu'un chrétien conduisait une personne nouvelle à Christ. Ainsi, l'église doublait d'année en année. Au

fur et à mesure que les années passaient et que l'église gran-
dissait numériquement, les auteurs ont observé que ce ratio
descendait à 1 pour 5 (après 10 ans d'existence), puis à 1 pour
10 (après 20 ans d'existence) pour tomber à 1 pour 30 (après
30 ans d'existence). À ce stade-ci, les auteurs ont même relevé
que 90 % de ces églises ne vivaient plus de croissance, mais qu'au
contraire, elles commençaient à régresser.

La conclusion de leur étude est la suivante : «À ses débuts,
l'église est totalement tournée vers l'extérieur, vers les âmes,
axée sur l'évangélisation. Les chrétiens sont tellement recon-
naissants d'avoir rencontré Dieu qu'ils veulent naturellement
en parler à tous. Lorsqu'il y a conflit, il y a pardon. Lorsqu'il y a
déception, il y a grâce. Lorsqu'il y a manquement, il y a seconde
chance. Toutefois, tandis que l'église grandit numériquement,
elle se replie sur elle-même et là, les conflits explosent. Les clans,
les divisions, les égos, les divergences philosophiques ou théologiques émergent pendant que l'église, cessant de croitre, arrête
de marcher d'une manière digne de l'Évangile de Jésus-Christ».

Dans sa biographie, *Standing on the Promises*[20], le révérend W.A.
Criswell, pasteur principal pendant près de 50 ans de l'église
First Baptist de Dallas aux États-Unis, raconte avoir vécu ce terrible cercle vicieux d'une église repliée sur elle-même et focalisée
sur ses confits, minée par l'amertume. Fondée en 1868, l'église
First Baptist accueilla Pasteur Criswell comme pasteur principal
en 1944. Cette église avait connu des saisons de réveil magnifique et était devenue, pendant plusieurs années, une référence
dans le monde évangélique américain. Souvenons-nous que
selon le sociologue et historien chrétien *Georges Barna*, 9 églises

sur 10 aux États-Unis comptent moins de 150 membres. *First Baptist Dallas* était donc une exception divine, une véritable inspiration pour l'époque. Sous son leadership, l'église connut en quelques années une croissance phénoménale passant d'une assistance moyenne de 7 800 à 26 000 personnes à chaque réunion du dimanche! Les services auprès des enfants réunissaient 5 000 bambins provenant de toute la ville! W.A. Criswell a été un précurseur dans l'administration, le leadership et le pastorat d'une méga-église et un modèle pour des générations de pasteurs à travers le pays (il a notamment implanté une centaine d'églises). Même le bien-aimé évangéliste Billy Graham avait fait de W.A. Criswell son pasteur et de la *First Baptist Church* of Dallas son église. Un mot à mes amis pasteurs : combien auriez-vous aimé avoir Billy Graham assis dans votre église le dimanche pour vous écouter prêcher? Un peu intimidant, non?! ☺

C'était véritablement une église modèle, bouillonnante de vie, grandissante d'année en année. Une église qui avait traversé les pires épreuves et oppositions possibles : le krach boursier de 1929, la Première et la Seconde Guerre mondiale. Bref, elle paraissait indestructible à toute attaque extérieure. Pourtant, dans sa biographie, Pasteur Criswell consacra un chapitre entier[21] à une saison qu'il considérait comme le pire épisode de son ministère pastoral, alors qu'une sévère division avait pris place dans l'église. C'était une saison parsemée de clans et de méfiance, de gens qui se déchiraient et qui ne se parlaient plus, mais qui se retrouvaient côte à côte chaque dimanche dans l'hypocrisie et l'endurcissement croissant. W.A. Criswell décrivait cette période avec des mots qui m'ont marqué parce qu'ils représentent l'histoire de beaucoup d'églises dans la province du Québec et partout en francophonie : cet esprit de division, de dispute et d'amertume menace de nous voler notre témoignage passé, de ruiner notre présent et d'avorter le potentiel de notre avenir.

Pasteur Criswell eut une idée géniale (bien que très onéreuse!), mais réellement inspirée de Dieu pour eux, dans leur situation. En une semaine à peine, entre deux dimanches, il fit installer un agenouilloir devant chacune des 3 000 places assises de l'église. Le premier dimanche suivant les travaux, en entrant dans l'église, les chrétiens étaient sous le choc : « Qu'est-ce que c'est que cette histoire ? Des agenouilloirs ! Le pasteur veut nous faire retourner à la religion ? » Alors, Pasteur Criswell, les larmes aux yeux, la gorge serrée, commença son message par ces mots : « Je suis votre pasteur depuis 20 ans maintenant, mais aujourd'hui, notre seule chance de survie est que chacun d'entre nous se mette à genoux. Notre seule chance de survie est que chaque réunion commence à genoux. Que chaque personne s'agenouille devant Dieu et prie : "Seigneur, aide-moi. Seigneur, pardonne-moi". Notre seul espoir comme peuple et église est que chaque personne se repente de son attitude ». Silence total dans l'église ce matin-là. Un froid glacial avait envahi les lieux. Les gens résistaient au message. Tous voulaient sauver la face devant les hommes, quitte à perdre la face devant Dieu. De semaine en semaine et de mois en mois, Pasteur Criswell fit preuve d'audace, de courage et de persévérance, laissant les agenouilloirs en place et répétant inlassablement, avec la même urgence, la même passion et la même onction un message appelant à l'humilité, à la repentance et à l'unité. Puis, un à un, des plus anciens aux plus jeunes, des plus durs aux plus rebelles, plusieurs finirent par plier les genoux. D'autres quittèrent les lieux, mais l'église guérissait, reprenait vie. Chaque réunion débutait à genoux, avec une foule repentante élevant la voix d'une seule âme et criant vers Dieu : « Seigneur, change mon attitude, change mon comportement, change mes paroles. Notre combat n'est pas l'un contre l'autre, notre combat est pour l'Évangile de Jésus-Christ. Seigneur, pardonne-nous ! Seigneur, unis-nous ! »

W.A. Criswell conclut sa biographie avec ces mots qui, je le prie, resteront gravés sur votre cœur : *c'est ce réveil à genoux qui a sauvé le futur de notre église.* C'est ma prière pour chacun d'entre nous, après plus de deux décennies de pastorat à l'Église Nouvelle Vie et après plus de 30 années à sillonner la francophonie : Seigneur ! Garde-nous ou ramène-nous sur nos genoux, dans nos attitudes et dans nos cœurs, afin que nous puissions marcher d'une manière digne de l'Évangile de Jésus-Christ dans l'unité, la paix et l'amour.

J'appelle particulièrement et passionnément les pasteurs, anciens et leaders. Dieu dit à Moïse : « *Je prendrai de l'esprit qui est sur toi, Moïse, et je le répandrai sur les anciens et sur le peuple* »[22]. Nous devons être des modèles. Nous en avons la responsabilité. Nous devons incarner et modeler le pardon, la grâce et l'unité. Si c'est aussi votre prière, arrêtez-vous là où vous êtes aujourd'hui. Dieu est à l'écoute. De la part de certains, il attend cette confession du cœur depuis longtemps. Il veut vous libérer afin que vous marchiez d'une manière digne de votre vocation, avec intégrité et dans l'unité, afin que vous retrouviez le sentier de votre potentiel. Faites une pause (un Selah comme dans les Psaumes) pour prier sincèrement et examiner votre cœur avant de continuer votre lecture.

À présent, la question est la suivante : comment fait-on pour parvenir à ce niveau d'unité et, surtout, quel est le chemin, quelles sont les actions et les attitudes à adopter pour le maintenir ? Paul a répondu très directement et très simplement à cette question : *que chacun de vous, au lieu de considérer ses propres intérêts, considère aussi ceux des autres* (Philippiens 2.3).

Le fait de considérer les besoins, les défis, les peines et les épreuves des autres est le générateur qui développe et le gardien qui maintient l'unité dans toute relation. C'est le cas dans chaque relation conjugale, lorsque le mari considère les besoins de son épouse et vice-versa. C'est aussi vrai lorsque l'on parle d'amitié.

Pasteur Mark Lecompte (président de notre Institut de théologie pour la francophonie)[23] et moi sommes amis depuis plus de 30 ans. Une amitié enrichie et solidifiée à travers les années, alors que nous avons toujours eu à cœur l'intérêt, le développement et l'épanouissement l'un de l'autre. Récemment, alors qu'il était allé animer un séminaire pastoral dans un pays africain, il fut étonné et marqué par une question qui revenait souvent de la part des pasteurs : « Comment Pasteur Claude Houde et vous avez-vous pu rester amis et confrères dans l'œuvre pendant toutes ces années sans division ? » Ils semblaient fascinés par cette relation. Des pasteurs, stagiaires et anciens disaient même : « Chez nous, ça n'arriverait jamais. Il y a trop de rivalité, de jalousie, d'ambition personnelle, de rancune et d'envie ». Pendant qu'il me relatait ce moment marquant, nous fûmes tous deux saisis par le privilège et la responsabilité de renouveler ce cœur qui considère les intérêts, besoins et appels les uns des autres comme au-dessus des nôtres afin de préserver l'unité qui permet à l'Esprit de Christ d'agir surnaturellement et de donner un fruit durable à notre ministère et notre vie.

Ceci est tout aussi vrai dans la cellule familiale lorsque les parents aspirent à ce qu'il y a de meilleur pour leurs enfants, et lorsque les enfants, une fois adultes, se préoccupent de l'intérêt de leurs parents. La même équation est valide dans l'Église. Le potentiel d'unité dans une église est illimité lorsque chaque personne réalise qu'elle est appelée à aider, relever, bénir, encourager et fortifier l'autre. Une église où chaque croyant se préoccupe des intérêts de son prochain est une église qui marche d'une manière digne de l'Évangile de Christ et qui bénéficie de la faveur, de l'onction et de la bénédiction de Christ.

L'apôtre Paul n'en a pas fait un principe philosophique abstrait, mais il a choisi de personnaliser cette pensée afin de la rapprocher de nous. En effet, dans Philippiens 4.2, Paul mentionne un conflit entre deux femmes dans l'église, Évodie et Syntyche : *J'exhorte Évodie et j'exhorte Syntyche à être d'un même sentiment dans le Seigneur. Et toi aussi, fidèle collègue, oui, je te prie de les aider, parce qu'elles ont combattu pour l'Évangile avec moi, avec Clément et mes autres compagnons d'œuvre dont les noms sont dans le livre de vie* (Philippiens 4.2).

C'était une vraie querelle. Paul les nomme volontairement pour que, 2 000 ans plus tard, nous comprenions que l'église de Philippes était une église «normale». L'épître aux Philippiens, épître du potentiel, n'est pas un conte de fées à propos d'une église composée d'anges volant au-dessus de la ville de Philippes. Paul parle à des chrétiens «normaux» qui, comme vous et moi, sont aux prises avec des conflits. Parce que la question n'est pas de savoir si nous vivrons des déceptions, des blessures ou des incompréhensions au sein de notre couple, de notre famille ou de notre église. La véritable question est de savoir comment nous y ferons face.

Dans cette querelle opposant Évodie et Syntyche, l'apôtre Paul ne recommande pas de désigner le coupable ni de discerner et décider qui a tort et qui a raison. Paul encourage premièrement une résolution du conflit via une tierce personne mature dans la foi. Par-dessus tout, Paul recommande à Évodie et à Syntiche, et à nous, de ne pas oublier la raison suprême, l'appel ultime de notre unité en tant qu'église, à savoir les noms inscrits dans le livre de vie. Paul dit à toute l'église de Philippes ainsi qu'à toute la francophonie aujourd'hui que nous ne sommes pas ici pour nous-mêmes, nous sommes ici pour incarner et annoncer le message de l'Évangile afin de gagner des âmes et inscrire leur nom dans le livre de vie. Combattre pour l'unité n'est pas seulement une preuve de notre salut, c'est l'appel absolu, la mission que Dieu nous a confiée, la raison de notre potentiel : *Si donc il y a quelques consolations en Christ, s'il y a quelque soulagement dans la charité ou dans l'amour, s'il y a quelque union d'esprit, si tu es en union avec l'Esprit de Dieu, si tu as reçu la compassion et la miséricorde de Dieu, ayez un même sentiment, un même amour, une même âme, une même pensée* (Philippiens 2.1-2).

En d'autres termes, être chrétien signifie avoir trouvé des sources de consolation en Christ, mais pour une raison bien précise : afin d'amener ceux qui ne connaissent pas le Seigneur à expérimenter cette même consolation et de participer à inscrire leurs noms dans le livre de vie, une personne à la fois.

Dans les premiers mois de l'Église Nouvelle Vie, nous avons fondé un organisme communautaire appelé Action Nouvelle Vie[24] aider les personnes fragilisées par la vie. Notre organisme, véritable bras de justice de notre église, aide tangiblement plus de dix mille personnes par mois à travers une panoplie d'initiatives et de programmes (banque alimentaire, boutique de vêtements à prix modiques et pléiade de services pour les jeunes mamans enceintes et démunies, les immigrants, les jeunes abandonnés par leur famille, les monoparentaux et familles démunies, etc.).

Annuellement, ce sont plus de quinze millions de dollars canadiens qui sont distribués en nourriture, vêtements et ressources variées pour combattre toutes les formes d'injustice et de pauvreté. Les besoins sont immenses (entrepôts, camions, autobus, espaces de bureau, équipement informatique, etc.). Alors, pour aider au développement d'Action nouvelle Vie et contribuer au financement de nos nombreux projets à caractère humanitaire (rénovation de centres jeunesse, distributions de paniers alimentaires, achat de milliers de couches pour bébés et d'effets scolaires pour les enfants défavorisés, etc.), nous organisons annuellement une rencontre appelée Les Ambassadeurs d'Action Nouvelle Vie. C'est un moment où sont réunis des gens d'affaires, entrepreneurs, ingénieurs, banquiers, etc. de notre église qui veulent nous aider en sollicitant des dons auprès de leurs réseaux professionnels pour cette cause. Ces ambassadeurs sont des héros de la foi qui croient fermement que Dieu a un potentiel pour chaque être humain, quelles que soient les injustices subies.

Récemment, lors d'une de ces rencontres, mon cœur de pasteur a été rappelé et à nouveau fortifié de façon magnifique et inattendue sur la véritable raison du potentiel de Dieu en nous : inscrire de nouveaux noms dans le livre de vie. Vers la fin de notre rencontre, G., un homme d'affaires dans la cinquantaine, souriant et dynamique surprit tout le monde en demandant à prendre la parole :

«J'aimerais vous dire pourquoi je supporte Action Nouvelle Vie. Il y a plusieurs années, j'étais assis un dimanche matin à l'Église Nouvelle Vie et vous avez diffusé un clip vidéo montrant des jeunes en train de rénover un centre jeunesse du Département de la Protection de la Jeunesse (DPJ). Assis à ma place, j'ai mis les mains sur mon visage. J'étais saisi parce que ce centre était celui où j'avais grandi. Dans le clip, j'ai aussi reconnu ma chambre. L'endroit même où j'avais passé ma jeunesse... Lorsque j'étais enfant, mon père a quitté la maison du jour au lendemain, nous abandonnant ma mère, mes quatre frères et sœurs et moi. Dépourvue financièrement et à bout de force, ma mère n'était plus en mesure de mettre de la nourriture sur la table. J'ai donc été placé dans ce centre que vous rénoviez quelque quarante années plus tard. Je soutiens fièrement Action Nouvelle Vie et toutes ses œuvres de justice parce que si ma mère avait eu Action dans sa vie, peut-être qu'elle aurait pu nous garder.»

Aujourd'hui, ce chrétien si occupé qui vit ses propres défis et épreuves lutte avec nous pour la cause de l'Évangile. Son nom a été inscrit dans le livre de vie et il se donne passionnément à combattre l'injustice. C'est un homme de Dieu intègre et un générateur d'unité. G. participe aujourd'hui à la plus extraordinaire aventure humaine : marcher d'une manière digne de l'Évangile de Christ afin d'atteindre une multitude, une personne à la fois, et d'inscrire leurs noms dans le livre de vie.

En concluant ce chapitre consacré à la raison du potentiel, j'aimerais vous défier personnellement à marcher d'une manière digne de l'Évangile de Jésus-Christ. Je vous appelle à repousser et à refuser tout esprit de dispute afin de combattre le bon combat, celui des âmes. Nous marchons ainsi non pour nous-mêmes, mais pour atteindre ceux qui ne le connaissent pas, ceux qui sont loin, qui souffrent de l'injustice et qui vivent sous une captivité ou une dépendance destructrice. Marchons d'une manière digne de l'Évangile avec intégrité et dans l'unité afin d'inscrire, ensemble, une multitude de nouveaux noms dans le livre de vie. Cher lecteur, si c'est votre désir, je vous invite à poser ce livre un instant pour vous mettre à genoux et faire cette prière avec moi :

« Seigneur, pardonne-moi pour toutes les fois où j'ai attisé un feu de division là où tu m'appelais à incarner et combattre pour l'unité. Mon Dieu, aide-moi à marcher avec intégrité chaque jour de ma vie, lorsque personne ne me voit. Et Seigneur, fais de moi un gagneur d'âmes, un homme ou une femme qui s'intéresse aux besoins des autres et qui participe à la plus belle des causes sur cette planète : inscrire de nouveaux noms dans ton livre de vie. Au nom de Jésus, amen ! »

MON POTENTIEL EN QUESTIONS
Pistes de réflexion pour approfondir les pensées de ce chapitre

» Que signifie pour vous aujourd'hui marcher d'une manière digne de l'Évangile de Christ? Donnez des exemples positifs et négatifs.

- *Je marche d'une manière digne de l'Évangile de Christ lorsque...*
- *Je marche d'une manière indigne de l'Évangile de Christ lorsque...*

» Que veut dire le mot intégrité? Comment l'intégrité s'applique-t-elle à votre appel chrétien?

» Que signifie être citoyen du dans votre conduite? (1.27, 3.20 et 4.1)

» Donnez des exemples de la façon dont nous pouvons vivre Philippiens 2.15-16 dans notre culture moderne.

» Comment pouvons-nous combattre pour l'unité du corps de Christ? Quelle est ma part dans ce combat? (1.27-28, 2.1-2)

» Quel est le plan biblique pour la résolution de conflits entre chrétiens? (4.2-3)

....

Chapitre 3

LA RÉPONSE DE NOTRE POTENTIEL

L'épître aux Philippiens, véritable trésor ancien pour notre christianisme moderne, offre un portrait varié des différents aspects du potentiel que nous sommes tous appelés à développer en tant que croyants. C'est une mosaïque, un diamant aux mille facettes brillantes, magnifiques et détaillées nous permettant de découvrir des thèmes allant de la gratitude, à la confiance en Dieu, à la reconnaissance, à l'intégrité, à la générosité, au don de soi, à l'humilité, à la paix, à la joie, au pardon ou encore à l'unité. Dans ce chapitre, nous explorerons ensemble un des aspects les plus extraordinaires de notre potentiel : l'appel de Dieu sur notre vie et notre réponse, soit la réponse de notre potentiel.

Si je crois passionnément que chacun a reçu un appel unique de la part de Dieu, je crois aussi que nous sommes avant tout appelés à y répondre. Ce thème me tient particulièrement à cœur. Il repré-sente réellement la passion et la poursuite de ma vie depuis plus de trente ans. C'est également une quête dont je me souviens chaque printemps, au mois de mai, lors de la collation des grades des étudiants de l'Institut de théologie pour la francophonie[1]. C'est une journée magnifique où nous décernons des dizaines de diplômes en théologie et études pastorales à des hommes et des femmes qui se sont consacrés à l'étude de la Parole pendant un, deux ou trois ans, et qui ont choisi de répondre à l'appel de Dieu. Ces diplômés proviennent des quatre coins du Québec, de l'Europe, de l'Afrique et des nations francophones du monde, de Longueuil à Papeete en Polynésie, en plein cœur du Pacifique. Des hommes et des femmes de tous les âges, avec des rêves pleins la tête et le cœur, et qui portent en eux un potentiel en devenir, infiniment plus grand que tout ce qu'ils peuvent imaginer.

Chacune de ces journées est pour moi l'occasion d'être ramené, avec émotion et reconnaissance, à l'année 1984, celle où le pasteur Mark Lecompte et moi avons répondu à l'appel de Dieu. À cette époque, nous étions deux jeunes hommes encadrés par Samuel Lecompte, pasteur d'une église située sur la Rive-Nord de Montréal, là où j'ai donné ma vie au Seigneur. Pasteur Sam est le père de Pasteur Mark et mon père spirituel. Notre église avait cotisé pour nous envoyer dans un collège biblique aux États-Unis, dans le Massachusetts, en banlieue nord de Boston. Aujourd'hui je vous le partage en souriant, mais à l'époque, bien peu de gens s'imaginaient ce que Dieu s'apprêtait à faire à travers nous. En fait, les plus grandes attentes et espérances de Pasteur Sam, avant même de songer à nous voir devenir prédicateurs ou pasteurs, étaient que nous ne nous fassions pas expulser du collège biblique! ☺ Je me souviens qu'en partant pour Boston, Pasteur Sam nous avait fait cette sévère

recommandation, qui aujourd'hui nous prête à sourire ensemble :
« Écoutez bien les gars, c'est l'église qui vous soutient pour aller
au collège biblique. Alors, si vous vous faites mettre dehors, je
vous avertis, ne revenez pas au Québec, continuez à marcher
vers le sud. *Keep walking! Go South!* Mais ne revenez pas ici. Si
vous faites honte à l'église, continuez vers le sud ». J'avoue qu'en
trois ans d'école biblique, il nous est arrivé à quelques reprises
d'avoir à consulter une carte routière pour nous informer de la
direction du chemin de l'exil ☺. Nous avons quand même fini
par être diplômés (sa grâce est vraiment infinie !). Nous avons
non seulement répondu à l'appel de Dieu, mais surtout, nous
accomplissons ses œuvres préparées pour nous, que personne –
surtout pas nous-mêmes – ne pouvait imaginer (Éphésiens 2.10).

Trois décennies plus tard et par la grâce de Dieu, nous avons
apporté la Parole dans près de quarante pays. Nous sommes des
époux, pères, prédicateurs et pasteurs. Nous avons fondé une
église et participé à l'implantation de plusieurs autres. Nous avons
mis sur pied et développé un institut biblique et un mouvement
regroupant une centaine d'églises, organismes chrétiens et serviteurs de Dieu à travers le Québec et la francophonie. Après toutes
ces années, comme l'apôtre Paul, j'ai cette absolue conviction que
celui qui a commencé une bonne œuvre en vous va l'amener à
un épanouissement, une maturation, une ampleur et une mesure
que vous ne pouvez pas imaginer au moment où vous choisissez
de répondre au potentiel de son appel. Parce que c'est sa nature,
j'ai la certitude que les prochaines années seront encore plus fruc-
tueuses si nous continuons à répondre à son appel. Sa miséricorde,
sa grâce, sa passion, sa puissance pour accomplir le prochain chapitre de notre potentiel se renouvèlent chaque jour.

L'épître aux Philippiens expose de façon sublime et pratique cette notion de l'appel de Dieu sur nos vies. Découvrons ensemble les étapes cruciales à l'accomplissement de notre appel. Nous devons replacer solidement la pierre angulaire, les bases essentielles, et ça commence avec la référence de notre appel.

La référence de notre appel

Ne faites rien par esprit de parti pris ou de vaine gloire, mais que l'humilité vous fasse regarder les autres comme étant au-dessus de vous-mêmes. Que chacun de vous, au lieu de considérer ses propres intérêts, considère aussi ceux des autres. Ayez en vous les sentiments qui étaient en Jésus-Christ lequel, existant en forme de Dieu, n'a pas regardé comme une proie à arracher d'être égal avec Dieu. Mais il s'est dépouillé lui-même. Il a pris la forme d'un simple serviteur, il est devenu semblable aux hommes et il s'est humilié lui-même, se rendant obéissant jusqu'à la mort. Même la mort de la croix. C'est pourquoi Dieu l'a souverainement élevé, et lui a donné le nom qui est au-dessus de tout nom. (Philippiens 2.3-8)

Dans Philippiens 2.3-8, l'apôtre Paul nous donne une définition magistrale de ce que signifie réellement répondre à l'appel de Dieu. Cette définition commence avec force. Philippiens 2 est un chapitre-choc. C'est un moment *in your face*[2] où l'apôtre ouvre les rideaux de la scène sans préambule ni fioriture. Il est en mission divine, propulsé par l'Esprit de Dieu. Il appuie là où ça fait mal, mettant le doigt sur notre cœur, sur notre nature humaine et nos penchants qui doivent être mis en lumière et changés si nous voulons retrouver le sentier de l'accomplissement de notre appel : *Ne faites rien par esprit de parti pris ou de vaine gloire, mais que l'humilité vous fasse regarder les autres comme étant au-dessus de vous-mêmes* (Philippiens 2.3).

Paul commence en disant : «Arrêtez d'exercer ou de vouloir exercer le ministère avec un esprit de parti pris, d'orgueil, de vanité et d'arrogance, d'égoïsme, d'égocentrisme, de rivalité, de comparaison et d'élévation».[3] L'expression «agir par esprit de parti pris» est tirée du grec ancien *eritheia* et se traduit aujourd'hui par «esprit de rivalité». C'est une expression que Paul, intellectuel érudit de son époque, empruntait aux écrits prénéotestamentaires d'Aristote, lequel l'utilisait pour décrire ceux qui accédaient illégalement à des fonctions politiques. La mentalité *eritheia*, c'est ce penchant humain contre lequel nous luttons tous, à aspirer à nous élever au-dessus des autres. C'est être perpétuellement en rivalité intérieure, en compétition et en comparaison avec d'autres.

L'apôtre continue en confrontant «l'esprit de vaine gloire», cet éthos qui tend non seulement à vouloir être perçu comme faisant mieux que l'autre, mais qui conduit à la jalousie, à l'envie face au succès ou à l'avancement d'autrui. Dans sa forme la plus réductrice et mesquine, c'est la personne dans le ministère ou c'est l'église qui finit même par se réjouir secrètement du malheur, des difficultés ou des échecs des autres, espérant être élevée, justifiée ou valorisée par tout ce qui pourrait abaisser l'autre.

Le décor est planté, les choses sont claires, il n'y a aucune ambigüité. Paul est direct, précis et si pertinent pour nous encore aujourd'hui. Si nous sommes honnêtes envers nous-mêmes, si nous sondons nos cœurs en demandant à Dieu de nous éclairer dans sa vérité, cet avertissement nous concerne tous. Celui qui est approuvé de Dieu n'a rien à prouver. Dans notre manque de compréhension, notre éloignement ou notre endurcissement face à la révélation de l'amour inconditionnel de Dieu, de notre valeur absolue et inestimable pour lui, nous pouvons facilement tomber ou retomber dans nos insécurités qui conduisent à l'envie, à la jalousie et à la petitesse en paroles, en actions ou dans le secret des pensées de nos cœurs.

Lorsque Paul parle de *regarder les autres comme étant au-dessus de vous-mêmes*, il s'agit d'un concept très souvent mal interprété dans notre christianisme moderne. On pense souvent à tort que cela consiste à revêtir une forme de complexe d'infériorité où tous sont supérieurs et où nous ne valons rien. Une espèce de piété sirupeuse aux saveurs de fausse humilité. Ce n'est pas la pensée de Paul. Il nous appelle à accorder davantage d'attention aux intérêts des autres. Il ne s'agit pas d'une perspective de petitesse, mais plutôt une passion et une priorité pour les autres. Ce n'est pas pour nous rabaisser, mais c'est un apprentissage de vie où nous considérons et grandissons dans notre capacité de placer, sous la direction de Dieu, les intérêts des autres avant les nôtres. C'était un rappel très important pour les croyants de l'église de Philippes. L'apôtre Paul parlait à ceux qui faisaient l'œuvre de Dieu *par jalousie, avec un esprit de dispute et des motifs impurs* (Philippiens 1.15 et 17).

C'est un constat important encore pour nous aujourd'hui, alors que parfois, des talents, témoignages et même des triomphes pour Dieu sont ternis par des attitudes égocentriques plutôt que christocentriques. C'est aussi l'avertissement divin qu'il est possible d'exercer le ministère avec talent, expertise et expérience dans la musique, la prédication ou le leadership, tout en faisant totalement abstraction de l'appel suprême d'un chrétien qui est de servir les autres.

Pour reprendre les premiers mots de Rick Warren dans son livre «Une vie, une passion, une destinée»[4], le livre chrétien le plus vendu de notre époque moderne, nous ne sommes pas appelés à œuvrer pour nous-mêmes, pour être vus, reconnus, valorisés, pour notre sécurité, notre prestige, notre pouvoir ou notre position. Nous ne sommes pas appelés à œuvrer pour devenir le chef ou dominer un groupe de personnes et ainsi obtenir une forme d'élévation dans le milieu chrétien que nous n'aurions jamais réussi à obtenir ailleurs dans la société. Non, nous sommes appelés à être des serviteurs. Nous pouvons assumer nos fonctions et responsabilités, être leaders, chefs d'entreprise, patrons ou responsables dans ou hors de l'église, car c'est Dieu qui nous donne les capacités de le faire et nous pouvons lui rendre honneur en exerçant notre leadership. Dieu nous défie simplement à une attitude de service, d'humilité, de préoccupation du progrès, des intérêts, des besoins et du développement des personnes qui nous entourent.

La question est donc : comment puis-je accomplir, protéger et multiplier mon appel de serviteur ? L'apôtre Paul y répond en un verset, et ramène chacun à l'unique, l'ultime et l'absolu point de référence : *Ayez en vous les sentiments qui étaient en Jésus-Christ* (Philippiens 2.5).

La référence de notre appel n'est pas la tradition religieuse selon laquelle nous avons grandi ou que nous connaissons aujourd'hui. Ce n'est pas un mouvement, une dénomination d'églises ni un leader charismatique dont nous écoutons les messages sur Internet ou côtoyons de près. Si nous voulons grandir dans notre appel, nous devons premièrement aspirer à cultiver *les sentiments qui étaient en Jésus-Christ*. C'est là la référence de notre potentiel. La personne de Jésus-Christ ; ses sentiments, son modèle, son cœur, ses intérêts, lesquels étaient tous et toujours parfaitement dirigés vers les autres. C'est la référence qui doit être retrouvée au centre de tout ce que nous faisons et de qui nous sommes. Certes nous sommes imparfaits, mais nous désirons ardemment poursuivre cette transformation et cette évolution vers le cœur de Christ avec l'aide de son Esprit.

Et vous et moi ? Permettons-nous, demandons-nous à Dieu de nous rendre aptes, au quotidien, à discerner que chaque être humain que nous rencontrons et côtoyons est une âme précieuse devant lui ? Réalisons-nous que dans la perspective biblique, chaque individu a été créé et reflète l'*imagio Dei*, l'image de Dieu ?[5] Sommes-nous conscients que selon nos capacités, nos connaissances et nos expériences, avec prière sous la direction de l'Esprit et avec persévérance, nous sommes appelés à contribuer à ce que chacun découvre qu'il a une destinée éternelle ? Nous devons revenir à la référence, aux sentiments qui étaient en Jésus-Christ, lui qui se préoccupait premièrement et passionnément de chaque être humain, de chaque âme en s'offrant pour la multitude, une personne à la fois. C'est là que nous devenons, chacun individuellement, mais aussi ensemble, son corps, son cœur, son Église sur la Terre.

Jésus-Christ, existant en forme de Dieu n'a pas regardé comme une proie à arracher d'être égal avec Dieu. Mais il s'est dépouillé lui-même. Il a pris la forme d'un simple serviteur, il est devenu semblable aux hommes et il s'est humilié lui-même. (Philippiens 2.6-7)

Jésus-Christ n'était pas seulement déterminé à servir et à satisfaire le besoin de chaque âme, il s'est aussi dépouillé lui-même. Il s'est livré et offert lui-même. Il n'était pas une faible proie piégée dans les mailles d'un filet, victime impuissante de la cruauté humaine. Au contraire, Jésus était en parfait contrôle tout au long de ses trois années de ministère public, ainsi que de la crucifixion à la résurrection. Ne croyez pas ce faux concept répandu dans notre culture francophone postmoderne et postcatholique que Jésus n'était en fait qu'un philosophe, un enseignant humaniste ayant connu une triste fin. Non, tout au long de son arrestation et de la série d'évènements culminant à la crucifixion, Jésus avait tout pouvoir d'arrêter ou d'accepter les coups de ceux qui le fouettaient, le battaient et qui lui ont enfoncé les clous dans les mains jusqu'à cette mort atroce. Il s'est dépouillé, accomplissant le plan divin de Dieu Père, Fils et Saint-Esprit, établi depuis la fondation des temps, avant toutes choses, pour la rédemption de chaque être humain. Jésus était en charge et en contrôle de sa propre crucifixion.

Jésus n'a jamais été contraint de mourir et de nous aimer jusqu'à la mort. C'était son choix, sa volonté. Il était l'égal de Dieu, mais il a choisi de se livrer, s'humilier et s'abaisser, de servir et de s'offrir comme un sacrifice parfait. Il est la seule référence de notre appel. Il s'est volontairement arraché de sa position d'égal à égal avec Dieu pour revêtir et incarner celle de simple serviteur.

Nous aussi, en tant que chrétiens, nous sommes, comme Christ, appelés à nous détacher de ce qui avait de l'importance à nos yeux pour répondre à son appel, qu'il s'agisse de notre sécurité, de notre image ou notre statut, de notre réputation, de notre orgueil, de notre façon d'agir, de réagir et de parler, de notre position éducationnelle, sociale ou religieuse (dans l'église ou en dehors), afin de revêtir une attitude de serviteur qui se préoccupe de chaque personne, de chaque âme et s'offre pour l'autre.

William Borden

Lorsque j'étais encore un jeune homme dans la foi, j'ai été bouleversé par le témoignage de William Borden[6]. Son histoire est un modèle et une inspiration pour ceux qui veulent comprendre ce que signifie réellement «se dépouiller» pour servir Dieu.

William Borden est né en 1887. C'était le fils et l'héritier légitime du milliardaire et propriétaire des produits laitiers Borden[7]. Une entreprise familiale basée à Chicago dans l'Illinois qui est rapidement devenue l'un des plus grands producteurs et distributeurs de lait de l'époque. La brillante carrière du jeune William était déjà toute tracée. Il finirait ses études, succèderait à son père et ferait prospérer l'immense fortune familiale qu'il lèguerait à son tour à ses héritiers. Il était destiné à une existence jouissant de tous les privilèges de l'élite sociale et financière de son époque, trônant sur une montagne d'or, une cuillère d'argent à la bouche.

Toutefois, à la fin de l'école secondaire[8], deux évènements changèrent à tout jamais le cours de sa vie. Le premier acte décisif dans la trajectoire inattendue de William fut sa rencontre percutante avec le message de l'Évangile. Il n'était encore qu'un jeune adolescent lorsque, après la prédication du célèbre évangéliste D.L. Moody, il reconnut son besoin de Dieu, fit l'expérience de la repentance profonde et donna sa vie à Christ. Le second évènement se déroula à ses 16 ans. Pour souligner son entrée prochaine à l'université, ses parents lui offrirent un tour du monde comme cadeau. Tout au long de son périple aux quatre coins du globe, William ne faisait pas qu'admirer les paysages et profiter des hôtels de luxe qu'offre le train de vie d'un fils de milliardaire. Au contraire, ce fut plutôt l'occasion pour lui d'ouvrir les yeux sur la réalité de la pauvreté sévissant dans les différents pays qu'il visita. À son retour de voyage, William annonça à sa famille sa décision de partir sur-le-champ missionnaire pour prendre soin des plus démunis de la planète. C'était la consternation absolue pour son père qui voyait s'envoler les rêves de carrière qu'il avait formés pour son fils. Le paternel, furieux, menaça de lui couper les vivres. Ses amis consternés le ridiculisaient. Il se retrouva très seul, mais déterminé à répondre au potentiel de son appel.

Pour se préparer au ministère, William, jeune homme avec de grandes capacités intellectuelles et académiques, se joignit à la prestigieuse faculté de théologie de l'Université Princeton où il se distingua dans ses études et par son témoignage. Ses camarades de promotion disaient de lui que personne n'aurait pu se douter qu'il était milliardaire, mais personne ne pouvait douter qu'il était chrétien. À sa collation des grades, William se vit remettre en cadeau une bible d'étude avec laquelle il s'en alla servir parmi les communautés les plus vulnérables et abandonnées d'Égypte.

Naviguant vers les côtes de l'Afrique du Nord, le jeune William écrivit dans sa bible toute neuve ces quelques mots : Pas de compromis. Pour William, la décision de répondre à l'appel de Dieu était claire. Il ne retournerait pas en arrière. Il savait pertinemment ce qu'il abandonnait et ignorait tout de ce qui était devant lui, mais il ne reculerait pas. Il répondit à l'appel de Dieu sans réserve. Au bout d'un certain temps à servir passionnément dans des bidonvilles et camps de réfugiés aux conditions sanitaires extrêmement difficiles, William reçut une lettre par courrier recommandé provenant de son père. Il y apprit qu'il serait dorénavant et définitivement déshérité de tous droits et privilèges, et pire, qu'il était renié en tant que fils. William écrivit alors dans sa bible : Pas de compromis, pas de retour en arrière. Peu lui importait, il continua à servir Dieu sans réserve et sans sécurité financière, sans plan de rechange en cas d'échec, sans filet en cas de chute. Quelques semaines plus tard, William contracta une violente méningite. Rapatrié d'urgence aux États-Unis pour se faire soigner, fiévreux et aux portes de la mort, il écrivit ces mots dans sa bible à peine usée : Pas de compromis, pas de retour en arrière, pas de regret. Face à la mort, William ne regrettait pas une seule seconde passée à servir Dieu et les hommes, aucun remord quant à ses choix de vie. À bord du navire qui le ramenait vers les siens, avant même de pouvoir reposer le pied sur son sol natal, la méningite l'emporta à 26 ans.

Dans les semaines qui suivirent, les circonstances de sa mort tragique se répandirent comme une trainée de poudre à travers les États-Unis et firent la une des journaux durant des mois. Pendant plusieurs années, des milliers de jeunes à travers le pays, touchés et inspirés par l'histoire de William, décidèrent de répondre à leur tour à l'appel de Dieu et de partir sur des champs missionnaires ou humanitaires, ou de servir Dieu passionnément dans leur propre milieu. Certains historiens estiment globalement que plus d'un million de jeunes ont été inspirés à répondre à un appel vocationnel pour Dieu par l'exemple de l'appel de William Borden. Nous aussi pouvons avoir une influence sur notre entourage au-delà de ce que nous pouvons imaginer.

Je nous défie à répondre à l'appel de Dieu avec cette même passion : sans compromis, sans retour en arrière, sans regret.

Nous ne sommes pas tous des William Borden, mais nous pouvons tous revenir à la référence de notre appel. Dans des gestes tout simples au quotidien, dans des actes de générosité, d'engagement, d'aide élémentaire envers des gens qui en ont besoin, en priant, en servant, en aimant, là où nous sommes, une personne à la fois. Je nous exhorte solennellement à revêtir les sentiments qui étaient en Jésus-Christ en nous donnant aux autres avec humilité et esprit de serviteur. Je nous appelle à offrir notre vie, notre temps, nos talents et nos capacités pour servir Dieu sans regret, mais en cultivant, chaque jour, un sens de joie et de privilège de pouvoir contribuer à la seule cause éternelle sur cette Terre : celle du Royaume de Dieu, de l'Évangile de Christ qui change les cœurs et les vies. Pouvez-vous imaginer l'impact spirituel exponentiel et la multiplication de bénédictions qui en résulteraient si chaque lecteur de ce livre était stimulé par cette perspective et animé de cette passion ? Si chaque jour vous décidiez de demander à Dieu de faire grandir en vous les sentiments qui étaient en Jésus-Christ ? Les ténèbres frémissent à cette possibilité et le Ciel attend votre réponse. Voilà la référence de notre appel.

L'extraordinaire exemple d'Épaphrodite

Dans la suite du chapitre 2 de l'épître du potentiel, l'apôtre Paul choisit de personnifier ce que signifie répondre à l'appel de Dieu. Ainsi, il offrit à l'église de Philippes, aux chrétiens de toutes les époques, cultures et contextes, ainsi qu'à toute la francophonie chrétienne moderne, le modèle extraordinaire d'un authentique serviteur de Dieu. Un modèle pourtant resté quasiment inconnu du grand public chrétien. Il s'agit d'Épaphrodite. Son histoire est tout simplement fascinante. Laissez l'apôtre Paul lui-même vous la raconter!

J'ai estimé nécessaire de vous envoyer mon frère Épaphrodite, mon compagnon d'œuvre et de combat, par qui vous m'avez fait parvenir de quoi pourvoir à mes besoins. Il désirait vous voir tous, il était fort en peine que vous ayez appris sa maladie, il a été malade, en effet, et tout près de la mort. Mais Dieu a eu pitié de lui, et non seulement de lui, mais aussi de moi, afin que je n'aie pas tristesse sur tristesse. Je l'ai donc envoyé avec d'autant plus d'empressement. Recevez-le donc dans le Seigneur avec une joie entière. Honorez de tels hommes, car c'est pour l'œuvre de Christ qu'il a été près de la mort, ayant exposé sa vie afin de suppléer à votre absence dans le service que vous me rendiez. (Philippiens 2.25-29)

L'aventure d'Épaphrodite commence un dimanche matin à l'église de Philippes (suivez-moi bien, j'utiliserai pour un moment la Bible dans la version CH[9]). Ce matin-là, après le service de louange, le responsable des annonces prit le micro : «Bonjour les Philippiens! Quelle joie de vous voir tous à l'église ce matin! Comme vous le savez sans doute déjà, notre cher Pasteur Paul est injustement incarcéré à Rome depuis des mois. Nous avons d'ailleurs pris une offrande pour lui la semaine dernière. Je tenais tout d'abord à vous remercier chaleureusement d'y avoir répondu avec autant de générosité. À présent, nous avons besoin d'un bénévole qui accepterait d'aller la lui porter en prison. Voici quelques précisions importantes au sujet de cette implication. Il s'agira d'un très long voyage. *Google map* indique une distance de 1 238 km entre notre église ici et la prison de Rome. D'après nos estimations, en plus de la traversée en bateau, il vous faudra compter environ 219 heures à pied, soit 40 jours de marche si vous êtes capables de marcher au rythme de six heures par jour. D'un point de vue sécuritaire à présent, le bénévole recherché devra transporter l'offrande sur lui tout au long de ce périlleux voyage en solitaire. Si vous vous faites attaquer en chemin par des mercenaires, résistez-leur, l'offrande doit parvenir jusqu'à Pasteur Paul. Si vous tombez malade en route, accrochez-vous jusqu'à Rome. Je le répète, l'offrande doit parvenir dans son intégralité jusqu'à Pasteur Paul! C'est une question de vie ou de mort pour lui. Ah oui! J'allais oublier! Une fois sur place, le bénévole devra acheter de la nourriture et des vêtements propres pour notre ami Paul et aussi faire sa lessive. Bref, être son serviteur sous la menace constante des Romains, les tortionnaires les plus cruels et violents de l'histoire, ceux pour qui la vie humaine n'a aucune valeur et qui emprisonnent, torturent et tuent les chrétiens par milliers. Alors, un volontaire?»

Grand silence dans l'église de Philippes. Pourtant, tellement de gens avaient l'air si enthousiastes et si passionnés par Dieu un instant plus tôt pendant le service de louange... Et tout au fond de l'église, une main se lève timidement. Tout le monde se retourne vers l'unique volontaire, mais personne ne le connait bien. On le voit souvent ranger les chaises ou passer le balai à la fin de la réunion, mais personne ne lui a jamais vraiment adressé la parole. À vrai dire, c'est un illustre inconnu.

—Ton prénom, jeune homme?

— Épaphrodite! ☺

Voici comment débuta l'appel au ministère d'Épaphrodite. L'église locale avait un besoin particulier (faire parvenir une offrande à l'apôtre Paul) et Épaphrodite choisit simplement d'y répondre. Il personnifie le serviteur de sacrifice qui ne cherche pas de reconnaissance publique. Il voit un besoin, il y répond ; point. Épaphrodite n'était ni prédicateur, ni apôtre, ni enseignant, ni évangéliste. C'était un chrétien anonyme dans l'église de Philippes, un serviteur du type Philippiens 2.14 : *Faites toute chose pour Dieu, sans murmure, plainte, protestation ou hésitation.* Il ne reçut ni titre, ni rémunération, ni applaudissement, ni récompense, ni promotion. Sa réponse, son don de lui-même était instantané et inconditionnel.

Épaphrodite incarne plusieurs principes et dynamiques d'accomplissement de l'appel de Dieu dans notre vie : le renouvèlement, les risques, la reconnaissance et la résilience de notre appel.

Le renouvèlement de notre appel

Que ce qui occupe vos pensées soit tourné vers ce qui est vrai,
honorable, juste, pur, aimable, méritant l'approbation, vertueux
et digne de louange. (Philippiens 4.8)

Épaphrodite a grandi dans une maison où ce qui occupait les pensées des gens était complètement contraire aux valeurs chrétiennes. C'était un foyer de superstition et de spiritualité à la carte. En fait, dans son étymologie grecque, son nom *Epaphroditos*[10] se décompose en deux mots : *epi* (être dévoué à) et *aphroditos,* pour Aphrodite, la célèbre déesse grecque de l'amour et de la chance. C'était un prénom fétiche et très répandu à cette époque, qu'on donnait à un enfant par superstition, en gage de porte-bonheur, en espérant s'attirer les faveurs de la déesse de la chance. Ce prénom reflétait aussi la mentalité hédoniste de son époque et de son arrière-plan. Une mentalité prônant l'élévation du soi et du plaisir absolu au détriment de toute forme d'humilité et de considération pour les besoins de l'autre : moi, mon bonheur, ma réussite, ma carrière, mes biens matériels, mes affaires. Voilà ce qui occupait les pensées d'Épaphrodite avant son témoignage de conversion. Voilà ce qu'était l'objet de ses motivations avant qu'il ne prenne la décision de marcher sur un nouveau sentier et d'accepter Jésus-Christ comme Seigneur de façon authentique et personnelle. Pour Épaphrodite, devenir chrétien signifiait être renouvelé dans ses pensées, dans sa mentalité, et apprendre à ne plus vivre seulement pour lui-même. Par son changement de cap, inspiré tous les jours à considérer de nouvelles perspectives et à nourrir de nouvelles convictions par l'Esprit de Dieu, le témoignage d'Épaphrodite doit devenir un miroir confrontant pour tous ceux qui désirent servir Dieu, mais gardent une mentalité et un éthos totalement incompatibles avec la nature et l'essence de celui qui nous appelle.

Si vous voulez accomplir la destinée, le potentiel de Dieu pour votre vie, comme Épaphrodite, vous devrez être renouvelés dans vos pensées et abandonner une certaine mentalité pour la remplacer par les sentiments qui étaient en Jésus-Christ. La mentalité de l'enfant-roi, de l'offensé perpétuel, de «je veux être aimé de tous et n'être critiqué par personne» ou la mentalité «je n'aime pas être repris et je boude quand ça ne m'arrange pas» sont toutes représentatives d'éthos modernes courants, mais résolument incompatibles avec l'accomplissement de notre potentiel. Ces modes de pensée et ces mentalités ont besoin d'être remplacés par les sentiments d'humilité, de patience, de pardon, de générosité, d'amour et de don de soi qui étaient en Jésus-Christ. Parce que bien qu'étant pur, saint et parfait, Jésus a supporté les critiques, les crachats et les coups qui le conduisirent jusqu'à la croix. Sachant ce que c'est qu'être tenté en toutes choses, il peut secourir tous ceux qui se renouvèlent en sa présence et par sa Parole et son Esprit, et leur donner de jour en jour les forces nécessaires pour être transformés à son image.

Au quotidien, Dieu nous rend capables, dans de petites comme dans de grandes choses, dans nos décisions, paroles, réactions et relations, d'être renouvelés dans notre disposition à la générosité, notre sensibilité aux autres et notre courage de prendre des risques pour le bien.

Les risques de notre appel

Car c'est pour l'œuvre de Christ qu'Épaphrodite a exposé sa vie. (Philippiens 2.30)

En partant pour cette traversée en solitaire jusqu'à Rome, Épaphrodite savait pertinemment dans quoi il s'embarquait. Il savait que Néron y régnait en dictateur absolu. Il était conscient du risque d'arrestation qui planait sur quiconque voudrait s'associer à Paul, le leader d'un message révolutionnaire et d'un mouvement naissant considéré comme une menace pour tout l'empire. Par sa vie, Épaphrodite nous rappelle que servir Dieu, c'est aussi prendre des risques. C'est abandonner la mentalité qui refuse de remettre en cause notre sécurité, notre routine et nos standards de confort.

Lorsque Paul rappela à tous qu'Épaphrodite avait «exposé» sa vie pour répondre à l'appel de Dieu, il choisit l'expression grecque *parabouleuomai*. Ce terme signifie précisément qu'il a «roulé les dés», dans le sens de prendre un risque. Épaphrodite a risqué sa vie pour répondre à l'appel de son potentiel. Il a joué *all-in*.

Aujourd'hui encore, il est impossible de faire avancer le Royaume de Dieu sans prendre de risques. C'est une réalité qui m'a encore frappé récemment, lors d'un voyage ministériel en Europe. Dans la même semaine, j'avais été invité à apporter la Parole dans deux conférences organisées par deux mouvements d'églises différents. Le premier était en stagnation depuis bien des années, tandis que le second, pourtant actif dans la même région, avait une influence et une vitalité extraordinaires. Chacun des mouvements était composé de personnes voulant l'avancement du Royaume de Dieu. Toutefois, l'un était prêt à prendre des risques, l'autre non. Un s'était cantonné dans le religieux, devenant légaliste, remettant à demain tout ce qui pourrait comporter un véritable risque ou une intervention divine authentique au-delà des perspectives et possibilités rationnelles et prévisibles. L'autre famille d'églises était tellement engagée, travaillant de toutes ses forces, faisant des pas de foi gigantesques que Dieu honorait par sa bénédiction et son onction, unie dans une passion de tout donner, tout faire pour toucher des gens pour Christ.

Après cette semaine intense à apporter la Parole plus d'une dizaine de fois, avant de décoller pour le Canada, mon épouse Chantal et moi avons décidé de prendre une journée de repos à Paris. En marchant le long des Champs-Élysées, je repassais dans ma tête le contraste si marquant entre ces deux conférences. C'est un slogan inscrit sur la vitrine du magasin *Nike* qui me rappela la vérité biblique qu'incarne parfaitement notre ami Épaphrodite : sans prise de risque, il n'y a pas de victoire.

Celui qui désire servir le Seigneur doit être prêt à prendre certains risques. Comme Abraham, le père de la foi, nous devons prendre le risque de marcher parfois sans savoir où nous allons. Comme Moïse, l'ami de Dieu, nous devons prendre le risque de quitter notre confort pour marcher vers notre terre promise. Comme David, l'homme selon le cœur de Dieu, nous devons prendre le risque de nous lever et combattre des géants qui n'avaient jamais été abattus auparavant. Comme Épaphrodite, nous devons prendre le risque de vivre non selon le regard des hommes, mais selon celui de Dieu.

Nous ne préconisons pas la présomption ou le manque de préparation ou de planification. Christ enseigne que celui qui bâtit la maison doit en planifier le coût (Luc 14.28), mais il y a et il y aura toujours une dimension de foi authentique dans l'accomplissement de nos appels. C'est une expression et ce sont des décisions de confiance en Dieu qui ne possèdent aucune garantie ni route sécuritaire pour rebrousser chemin et qui acquiescent à Dieu, risquant et exposant la vie. Il faut risquer d'aimer, de pardonner, de donner, de laisser quelque chose ou quelqu'un, risquer notre sécurité, notre routine, nos habitudes rassurantes et confortables. Risquer d'être mal compris, critiqué ou d'avoir à changer profondément. C'est le risque avec et pour Dieu qui nous apportera les plus grandes récompenses.

Quelle est la dernière fois où vous avez fait quelque chose pour la première fois ? Avez-vous pris un risque pour Dieu dernièrement ? Le risque de témoigner, de commencer quelque chose de beau, d'ouvrir votre bouche et votre cœur pour amener ou ramener quelqu'un vers Dieu ? Le risque de donner généreusement, au-delà de vos normes de confort habituelles parce que Dieu a touché votre cœur par un besoin ? Le risque de pardonner et de recommencer à vous consacrer à aider quelqu'un qui vous a blessé et déçu ? Le risque de vous impliquer dans un nouveau ministère, d'oser parler sincèrement à quelqu'un de votre entourage qui s'est éloigné de Dieu ? Le risque d'être un Épaphrodite moderne si précieux pour Dieu ?

La reconnaissance de notre appel

Épaphrodite a non seulement pris des risques sans aucune garantie de succès, mais il a accompli son appel sans obtenir de reconnaissance publique. Épaphrodite n'a pas fait la couverture des journaux après son expédition de Philippes jusqu'à Rome, pas plus qu'il n'a reçu beaucoup de *like* sur son profil Facebook. Il n'a rien posté sur Instagram et aucune célébrité n'a pris de *selfie* à ses côtés. Personne n'a écrit de biographie pour rendre hommage à sa vie. Il est resté anonyme pour la société de son époque et peut-être même pour l'Église chrétienne. Toutefois, aux yeux de Dieu, il n'était pas un «sans nom». À travers la plume de l'apôtre Paul, le Seigneur lui-même appela l'église de Philippes et appelle l'Église chrétienne d'aujourd'hui à lui rendre honneur, à reconnaitre la beauté de son appel et surtout à l'imiter.

Imaginez un instant le jour où les croyants de Philippes reçurent et ouvrirent pour la première fois l'épître du Potentiel! Une épître qui leur était exclusivement destinée. Imaginez la fierté de toute cette église! Le pasteur le plus influent de l'époque, l'apôtre Paul, leur avait composé une longue lettre. Peut-être que pour la lecture de la lettre, une soirée spéciale avait été organisée à l'église en présence des dignitaires chrétiens de toutes les églises avoisinantes. Imaginez avec moi leur réaction à la lecture de Philippiens 2.25 au sujet d'Épaphrodite : *honorez de tels hommes*. Imaginez les discussions dans l'église (encore une fois, j'utilise la version CH ☺) :

— Honorer qui? Épaphro quoi? C'est qui, lui, déjà?

— Tu sais… le gars qu'on a envoyé porter l'offrande il y a quelques mois…

— Mais qu'est-ce qu'il a accompli d'autre dans la vie, ce gars?

— Euh… rien d'autre, je crois…

Le Royaume de Dieu avance, se développe dans le monde, dans votre ville et votre nation parce qu'il y a des héros de l'ombre, des serviteurs anonymes et fidèles qui sont considérés par Dieu bien plus hautement que par son peuple dans bien des cas.

Les titres d'Épaphrodite

Non seulement le grand apôtre appela-t-il toute l'église de Philippes à honorer Épaphrodite, mais il alla plus loin. Il déroulait un tapis rouge officiel pour mieux décorer Épaphrodite des titres suivants[11] : frère et compagnon d'œuvre,

Épaphrodite, mon frère et mon compagnon d'œuvre. Aux yeux de Paul, l'apôtre aux immenses accomplissements, auteur prolifique et prédicateur de puissance, Épaphrodite n'était pas un serviteur anonyme ni un bénévole de plus. Pour Paul, Épaphrodite était un frère. Je veux rappeler à tous ceux qui œuvrent actuellement pour Dieu ou le feront que nous sommes frères et compagnons d'œuvre. Nous sommes ensemble. Je rêve de centaines et même de milliers d'églises, de pasteurs et de leaders dépourvus de discours et de mentalité élitistes. Quelle que soit notre part, que nous nous impliquions dans le stationnement de l'église, à la pouponnière, dans les classes d'enfants ou dans le ministère pastoral, il n'y a pas de barrière ni de rang.

Nous œuvrons pour la même cause. Nous avons certes des responsabilités et une visibilité différentes, mais nous sommes tous également précieux et importants aux yeux de Dieu.

Épaphrodite, mon compagnon de combat. Dans sa traduction littérale, l'expression «compagnon de combat», du grec *sustratiotes*, signifie «soldat ou combattant stratégique»[12]. Cela reviendrait aujourd'hui à lui décerner une médaille d'honneur militaire pour sa bravoure sur le champ de bataille. Parce que non seulement nous sommes des frères et des compagnons d'œuvre pour son Royaume, mais nous avons chacun un rôle stratégique à jouer. Quelle que soit la mesure de votre implication, sachez qu'aujourd'hui encore, le Seigneur vous décore de cette médaille de bravoure et de fidélité.

Il y a plusieurs années, je me suis adonné au sport du parachutisme. Lors de la formation, nous étions tous impressionnés par les pilotes, les sauteurs et leurs exploits si spectaculaires. Ils effectuaient des manœuvres et acrobaties aériennes en chute libre à des milliers de mètres de hauteur, et atterrissaient sur leurs pieds les cheveux au vent!

Avant d'embarquer dans le *Cessna* pour nos premiers sauts en solitaire à plus de 3 000 m, le capitaine le plus décoré (un ancien colonel des forces spéciales d'élite canadiennes) nous surprit en nous lançant : «Je vais vous présenter les personnes les plus importantes de votre vie de parachutistes» ?!? Il ouvrit une porte derrière laquelle, dans une pièce surchauffée, des étudiants payés au salaire minimum pliaient méticuleusement chaque parachute, chaque toile conformément aux spécifications sécuritaires. Un sourire en coin, le colonel nous dit : «Une seule erreur ici et votre parachute ne se déploiera pas correctement ou ne s'ouvrira pas. En réalité, vous mettez vos vies entre leurs mains! Allez, tout le monde à bord!»

Je n'ai jamais oublié que derrière ce qui est public ou visible, il y a les plieurs de parachutes. Les Épaphrodites sans lesquels l'exploit est impossible. Derrière les prédicateurs, enseignants, artistes, ceux qui dirigent la louange, les musiciens et les leaders dans une église, il y a des hommes et des femmes qui servent, prient, donnent et mettent leurs talents, leur temps et leur capacité si variés au service du Royaume de Dieu.

Il y a quelque temps de cela, j'apportai la Parole lors de la dédicace d'une nouvelle église de notre mouvement, l'Association chrétienne pour la francophonie[13]. En quittant l'estrade, je traversai la section des pouponnières où des bénévoles s'occupaient des bébés. Au passage, je me suis arrêté pour remercier une femme dans la soixantaine qui portait un bébé dans chaque bras. La réunion avait été longue et elle était à l'œuvre, avec douceur et patience, depuis plus de deux heures parmi des bébés hurlants. Je lui exprimai combien ce qu'elle faisait était beau et important, et très émue, elle me répondit sans colère ni plainte, mais comme un simple constat : «Vous savez, je le fais pour le Seigneur, mais ça fait 17 ans que je suis bénévole auprès des enfants et c'est la première fois que quelqu'un me dit merci». Aujourd'hui, cher lecteur ou lectrice, je vous dis merci, je vous honore, vous qui servez dans l'ombre et qui êtes un Épaphrodite. Votre récompense sera éternelle.

Épaphrodite, votre messager ou votre apostolos[14], d'où l'on tire le mot apôtre. Épaphrodite n'a pas fait qu'apporter une offrande, de la nourriture ou des soins. Sa vie en elle-même était un message de don de soi, de service et de courage. C'est le message de l'apôtre Épaphrodite qui, 2 000 ans plus tard, continue de nous rappeler qu'il ne faut jamais sous-estimer la portée et l'influence de nos vies, talents, énergies et services pour lui.

La résilience de notre appel

Épaphrodite incarne le renouvèlement, les risques, la reconnaissance mais aussi, la résilience de notre appel.

Il nous rappelle que notre destinée et le potentiel de notre appel s'accomplissent à travers notre fidélité sur les longues routes où personne ne nous voit. Parce que croyez-moi, après l'enthousiasme du moment, après quelques jours de marche sur ce chemin de Philippes à Rome, Épaphrodite était seul. C'était un chemin solitaire sur lequel il aurait pu abandonner mille fois sans que personne ne s'en aperçoive. C'est cela le ministère. C'est qui vous êtes et ce que vous faites lorsque personne ne vous voit ni n'acclame votre nom. Oui, le ministère s'accomplit sur un long chemin solitaire où vous demeurez fidèle et engagé, même lorsque personne ne vous voit, excepté Dieu. Ce sont le témoignage et l'exemple d'Épaphrodite.

Dans mes premières années de ministère (de belles, mais longues années ☺!), j'ai prêché lors de plus de mille réunions où l'auditoire était composé de 50 personnes ou moins, plus de mille fois, mais avec la même passion. Parfois même devant moins de 10 personnes. Je me rappelle qu'avant chaque réunion du soir, je passais ma journée en prière, marchant et demandant à Dieu d'agir ce soir-là. Chaque réunion était unique, précieuse et d'une valeur éternelle, qu'il y ait 50, 25 ou juste 1 personne répondant à l'appel au salut. Il n'y avait pas de foule, pas d'Église Nouvelle Vie rassemblant 4 000 personnes chaque dimanche, pas de conférence où 10 000 pasteurs m'attendaient, pas de centaines de milliers de personnes qui téléchargeaient mes messages sur notre site Internet, pas d'hommage, de reconnaissance ni de promesse ou d'aperçu de tout ce que Dieu préparait. Malgré tout, son empreinte augmentait en moi et des vies étaient touchées, transformées par l'Évangile et l'action de l'Esprit. C'est sur cette longue route solitaire que le Seigneur fait son œuvre en nous et nous prépare à l'accomplissement de notre potentiel.

Non seulement Épaphrodite s'était accroché tout le long de ce chemin solitaire, traversant la maladie et passant à un cheveu de la mort, mais il se rendit jusqu'au bout de la tâche. Épaphrodite était un serviteur résilient. S'il avait pris un engagement, c'était pour aller jusqu'au bout, par la grâce de Dieu. Sa première réaction, une fois parvenu à Rome, fut de demander aux gens de ne pas s'inquiéter pour lui. Il incarne chaque personne dans le Royaume de Dieu qui traverse de terribles épreuves, mais continue à le servir. Des gens qui souffrent, mais servent. Ils pleurent et portent des blessures, mais ils participent à l'œuvre et sont partout une bénédiction. Pour reprendre une expression sportive, les Épaphrodites modernes ont appris à «jouer blessés» depuis longtemps. Ils sont conscients que notre appel s'accomplit lorsque nous apprenons à marcher sur des chemins d'opposition où tout ce qui nous était familier nous est enlevé et où nous n'avons plus que Dieu et un sens de responsabilité vis-à-vis d'une tâche à accomplir.

Jésus-Christ s'est dépouillé lui-même, prenant la forme d'un simple serviteur. Il est devenu semblable aux hommes et il s'est humilié lui-même, se rendant obéissant jusqu'à la mort. (Philippiens 2.3-8)

Car c'est pour l'œuvre de Christ qu'Épaphrodite a été près de la mort, ayant exposé sa vie afin de suppléer à votre absence dans le service que vous me rendiez. (Philippiens 2.8-9)

Voulez-vous vraiment connaitre la définition de la résilience de votre appel ? Voulez-vous réellement apprendre comment accomplir votre appel ? Avons-nous ce cœur sincère qui aspire à comprendre l'œuvre ultime que Dieu désire faire dans notre vie afin d'accomplir notre appel ? La réponse nous est donnée par Paul à la lumière du témoignage d'Épaphrodite : Dieu veut que tu meures à toi-même. Épaphrodite était animé des mêmes sentiments de résilience que ceux qui étaient en Jésus-Christ. Comme son maitre et Seigneur, Épaphrodite lui aussi s'était rendu obéissant jusqu'aux portes de la mort qu'il vit de près durant sa dangereuse expédition de Philippes à Rome.

Mourir à soi-même n'était pas un concept très populaire à l'époque de Paul et ça ne l'est toujours pas aujourd'hui. Pourtant, la résilience de notre appel ne peut se développer autrement qu'en apprenant et en acceptant de mourir à nous-mêmes. Mourir à soi-même, c'est mourir à notre ego et à notre égoïsme, à notre élévation personnelle, à notre endurcissement quant à ce que Dieu nous appelle à corriger ou au contraire, mourir à notre engourdissement, là où nous ne voyons plus le besoin d'être changés. C'est aussi mourir à nos échecs passés ou présents parce qu'ils ne doivent plus nous servir d'excuses pour ne pas nous relever et continuer. Mourir à soi-même, c'est une des plus grandes leçons que plus de 30 ans de ministère m'ont enseignées sur le terrain de la vie quotidienne.

Au début de ce 3e chapitre, je vous partageais avec un sourire mes souvenirs de l'année 1984, lorsque Pasteur Mark Lecompte et moi avons répondu à l'appel à servir Dieu et que nous sommes partis pour le collège biblique. Aujourd'hui, lorsque je regarde la photo jaunie de notre promotion, c'est le film extraordinaire de 30 années à servir Dieu qui défile dans ma tête. Plus de trois décennies de bénédictions, d'influences et de responsabilités grandissantes comme nous n'aurions jamais pu l'imaginer. Toute une vie (qui ne fait que commencer) à nous tenir dans la foi et à voir Dieu faire tomber de véritables géants devant nos yeux. Trois décennies à participer avec passion à l'établissement du Royaume de Dieu au Québec et dans la francophonie mondiale, proclamant sa Parole dans près de 40 pays à travers la planète.

Dans ce film de 30 ans aux scènes de liesse et d'exploits pour Dieu, il se mêle des scènes où nous avons eu à mourir à nous-mêmes. Des scènes de combats, de blessures, de critiques, d'attaques, d'incompréhensions, de déceptions et de tragédies ; des scènes que nous aurions bien sûr préféré ne pas avoir à «jouer» dans le script de nos vies. Toutefois, comme Épaphrodite et William Borden, comme des milliers de chrétiens à travers le monde, nous pouvons témoigner aujourd'hui, en jetant un regard lucide sur nos 30 dernières années : pas de compromis, pas de retour en arrière, pas de regrets. Je veux servir le Seigneur jusqu'à mon dernier souffle avec cette même passion. Si un jour je ne peux parler, peut-être alors écrirais-je davantage. Si je ne peux plus écrire, je trouverai certainement une autre façon de le servir. Il n'y aura pas de journée où j'annoncerai à tous : « Merci tout le monde, ça a été fantastique, mais à présent, je vais rester chez moi… » Non, je suis un serviteur de Dieu et j'appartiens à mon Seigneur pour le restant de mes jours !

PAS de **COMPROMIS**,

PAS de **RETOUR EN ARRIÈRE**,

PAS de **REGRET**.

Servir Dieu, c'est la vie la plus extraordinaire qu'il est donné de vivre à un être humain. Chaque matin, je me lève en remerciant le Seigneur pour cette joie, cet honneur, cette grâce qu'il me fait de pouvoir le servir. Quel privilège de participer à l'avancement de son Royaume et de pouvoir atteindre des milliers de vies pour l'éternité, une personne à la fois ! Alors, si le Seigneur me prête vie, je signe un nouveau contrat de 30 ans (et plus) pour accomplir le potentiel de mon appel à son service.

En concluant ce chapitre consacré à l'appel de Dieu, mon intention est de vous lancer ce même défi. Êtes-vous prêt à vivre une vie sans compromis, sans retour en arrière et sans regret ? À tous les jeunes et moins jeunes qui lisent ce livre, êtes-vous prêts à vivre une vie sans compromis ? Une vie où il n'y a *no turning back* ? Une vie sans regret ? Une vie à la Épaphrodite ou à la William Borden ? Si c'est votre prière et si vous gardez comme modèle ultime et comme référence à votre appel le Seigneur Jésus lui-même, je vous garantis que vous êtes déjà en marche pour accomplir votre potentiel !

MON POTENTIEL EN QUESTIONS
Pistes de réflexion pour approfondir les pensées de ce chapitre

» L'apôtre Paul nous rappelle que le potentiel de notre appel est seulement réalisé lorsque nous refusons d'agir avec arrogance, vanité ou vaine gloire, et que nous recherchons les sentiments qui étaient en Jésus-Christ. Quels sont ces sentiments et comment se manifestent-ils de façon pratique et concrète dans votre vie ? (Philippiens 2.3-12)

» Quelles sont les leçons à tirer de la vie d'Épaphrodite et quelles sont les qualités et caractéristiques que vous devriez adopter et imiter aujourd'hui ? (Philippiens 2.25-30 30)

» Quels sont les titres de reconnaissance utilisés par Paul pour décrire un simple serviteur comme Épaphrodite ? (Philippiens 2.25)

» Réfléchissez à ce concept de résilience et écrivez quelques applications concrètes pour votre vie.

» La résilience, c'est la passion de continuer à briller pour Dieu. De quelles façons tangibles, où et comment pouvez-vous briller pour le Seigneur et pour l'Évangile de Christ ? (Philippiens 2.15)

Chapitre 4
·····················

LE « RÉJOUISSEZ-VOUS » DE NOTRE POTENTIEL

En débutant ce chapitre, j'aimerais vous partager les quelques lignes d'un court courriel qui m'a été adressé lorsque j'étudiais la lettre de Paul aux Philippiens. Il est très simple, mais représente le cœur d'une multitude de personnes à travers la francophonie. Je vous le livre tel quel : « Cher Pasteur Claude, j'ai cherché à tellement d'endroits, dans tellement de trucs pour trouver le bonheur, mais rien n'était jamais aussi bon que ça promettait de l'être. J'ai une super carrière, un mari que j'aime et qui m'aime, de beaux enfants et plusieurs des choses dont j'avais rêvé plus jeune (maison, voyages, etc.), mais je suis frustrée et souvent abattue et triste. Où est ma joie ? Je veux simplement être heureuse. Pouvez-vous m'aider ? »

Ma réponse est limpide. Oui, je peux vous aider ! Non par moi-même, bien entendu, mais en vous présentant un enseignement biblique et pratique sur ce que devrait être la joie réelle d'un chrétien authentique. C'est un sujet fascinant qui nous touche tous et qui mérite que l'on s'y attarde en tant que croyant moderne. Plus que jamais, l'Église du Seigneur doit être le lieu où chacun doit expérimenter son plein potentiel de joie par la grâce de Dieu. Une joie totalement inaccessible sans l'assistance, la présence, l'amour et le salut possible en Jésus-Christ. C'est en Jésus seul que nous pouvons découvrir et décupler la joie dans notre vie quotidienne. Si ce sujet vous intéresse, faisons quelques pas ensemble sur le sentier du développement de notre joie.

La lettre de Paul aux Philippiens ou l'hymne à la joie

Les commentateurs bibliques surnomment souvent la lettre de Paul aux Philippiens « l'épître de la joie ». Il s'agit du texte biblique contenant le plus de mentions relatives à la notion d'être heureux[1]. En effet, on y retrouve 19 fois le mot « joie » ou ses variantes telles que : réjouissez-vous, rendez ma joie parfaite, soyez toujours joyeux. Pourtant, lorsque l'on étudie son contexte, cette lettre aurait tout aussi bien pu s'intituler : Lettre de Paul aux Philippiens — l'épître de « rien ne s'est passé comme prévu dans ma vie » ou « je ne m'attendais vraiment pas à vivre ça », ou « je ne sais pas comment je vais m'en sortir » ou encore « est-ce que quelqu'un comprend ce qui m'arrive ? » et « c'est tellement injuste ! Je ne méritais pas ça après tout ce que j'ai fait et donné… »

Le contexte humain entourant la rédaction de cette lettre n'a rien d'idyllique. C'est un contexte d'incarcération, d'intimidation, d'incertitude et d'incompréhension ; un contexte de tension et non de triomphe, de menace et non de miraculeux, de solitude et non de solidarité. Ce n'est pas un contexte de plénitude ni de paix, mais plutôt de paradoxe où Paul expérimente pourtant une joie profonde et où il nous explique pourquoi et comment.

Rome ou le paradoxe de Paul, un prédicateur emprisonné

Depuis les débuts de son ministère de prédicateur, Paul avait un rêve : communiquer l'Évangile au cœur de Rome, l'épicentre planétaire de l'époque. L'apôtre rêvait sans doute d'organiser d'immenses conférences d'évangélisation rassemblant des milliers de personnes dans l'imposant Colisée de Rome. Paul était passionné par l'appel d'implanter une église d'impact dans cette ville. Une église dont le rayonnement dépasserait largement les frontières de Rome et mènerait à un réveil spirituel jusqu'aux extrémités de l'empire tout entier. C'était la vision, la passion et le vœu qu'il exprima lui-même à plusieurs reprises : *Je veux que vous sachiez que j'ai souvent fait le projet de me rendre chez vous, à Rome. Mais j'en ai été empêché jusqu'à présent. Je souhaite que mon travail porte du fruit chez vous aussi, comme il en a porté parmi les autres nations du monde. C'est mon devoir d'aller auprès de tous, mais j'ai ce désir passionné de communiquer l'évangile à Rome...* (Romains 1.13-15).

Pendant plusieurs années, Paul a tout fait pour rejoindre la capitale de l'empire. Dans le livre des Actes des apôtres, nous découvrons les détails de ce périple qui conduisit Paul d'Israël jusqu'à Rome. Quatre années avant d'écrire la lettre du Potentiel, Paul avait d'abord vécu une première incarcération de deux ans dans la redoutable prison de Césarée, au nord d'Israël[2]. Un emprisonnement totalement injuste et reposant uniquement sur un tissu d'accusations perfides et mensongères (lesquelles seront finalement toutes retirées faute du moindre fondement). À sa sortie de prison, Paul fut aussitôt convoqué à Rome pour y être rejugé. Cette fois-ci, il était convaincu de pouvoir enfin rejoindre Rome et accomplir son appel. Toutefois, telle une vague se brisant sur le récif des rochers avant de repartir aussitôt vers le large, son rêve s'évanouit en une nuit. Une nuit de tempête en plein cœur de la mer Méditerranée où, à bord du navire qui devait le conduire en Italie, l'apôtre fit naufrage. Paul frôla la mort avant d'échouer sur l'île de Malte (au sud de la Sicile) en compagnie d'un groupe de *survivors* qui étaient pour lui de menaçants inconnus. Ensemble, ils passèrent une période de temps à simplement survivre et attendre, impuissants, l'arrivée des secours.

Un jour, alors que Paul était en train de ramasser des monceaux de bois pour allumer un feu, un serpent venimeux au poison mortel surgit de nulle part et le mordit à la main. Imaginez-vous un instant! Paul, l'apôtre, le choisi de Dieu, un des pères et fondateurs les plus influents du christianisme qui, au lieu de prêcher l'Évangile aux multitudes de Rome, se retrouvait perdu, ramassant du bois à quatre pattes et mordu par un animal sauvage… Il est certain qu'abandonné sur cette île perdue, il pouvait légitimement se demander s'il atteindrait ou non Rome. Mais Paul n'était pas de ceux qui abandonnent facilement. Dans un même souffle et sans un cri, il secoua la vipère et la jeta au feu. Les hommes qui assistaient à cette scène avaient déjà commencé en eux-mêmes le décompte qui le séparait de la mort. Tous savaient que ce type de venin était fatal, mais voyant de leurs propres yeux l'absence totale de douleur chez Paul, ils l'élevèrent au rang de Dieu vivant. Je n'invente rien ! Ce n'est pas le prochain scénario d'une superproduction hollywoodienne, c'est bien la Bible![3]

J'aurais payé cher pour entendre la prédication de Paul ce jour-là devant tous ces hommes médusés, pour leur expliquer le pourquoi de sa survie... Ce devait être tout un message ! Pour cet homme de foi, toutes circonstances, bonnes ou mauvaises, devenaient une opportunité de communiquer l'Évangile.

Par la suite, Paul resta trois mois de plus sur l'île de Malte avant d'être finalement capable d'embarquer de nouveau pour une traversée en direction des côtes italiennes. Enfin, après toutes ces années d'opposition, Paul posa les pieds sur le sol romain. « Que l'accomplissement de ma destinée commence ! », aurait-il pu légitimement déclarer. « À moi les multitudes, le fondement d'une église *cutting-edge*, la couverture des plus grands magazines chrétiens et une foule d'*hipsters* chrétiens qui n'en ont que pour mes nouvelles méthodologies et nouveaux paradigmes de croissance révolutionnaire ! » (J'ai contextualisé un peu ! ☺ Je ne crois pas vraiment que l'apôtre Paul ait été animé par de tels motifs.)

À peine arrivé, celui que l'empire considérait comme un ennemi dangereux et une menace pour l'ordre public fut de nouveau incarcéré pour encore deux ans dans une prison souterraine, enchaîné à un garde 24 heures sur 24 et 7 jours sur 7.

Son rêve de pouvoir s'adresser à des foules et influencer un colisée entier était balayé par la réalité de sa cellule insalubre. Cette vision inachevée de l'apôtre Paul représente toutes ces situations de notre vie moderne pour lesquelles nous avions imaginé un scénario tellement différent des dénouements que nous subissons, que ce soit dans nos études, notre travail, nos investissements financiers, notre famille, notre mariage, nos enfants, notre église, notre appel ou dans nos relations inter-personnelles. Nous expérimentons tous nos propres prisons romaines de désillusions.

Rome avait peur de Paul, peur de son influence et du mes-sage d'espoir et de libération qu'il annonçait. Rome fit donc tout pour le briser, le confinant à des conditions de vie équi-valant à de la torture psychologique. En effet, nous savons, grâce aux historiens, que dans ce type particulier d'emprison-nement, les gardes se relayaient auprès du prisonnier toutes les 4 heures[4]. Certains commentateurs bibliques avancent même que ce n'était jamais le même gardien afin que celui-ci ne tombe pas sous l'influence de Paul à force d'écouter ses enseigne-ments. Paul n'avait donc plus aucune vie privée. Toute dignité lui était cruellement enlevée. Pensez-y un instant : il avait en permanence quelqu'un à ses côtés. Il ne pouvait pas être seul pour manger, dormir, aller aux toilettes, se laver ni pour tout autre acte quotidien requérant la décence la plus élémentaire. Il était violé dans son intimité la plus primaire. Chaque jour, il était humilié et oublié. Il se savait déjà condamné à mort, vic-time d'un système judiciaire corrompu. Humainement, il aurait dû être rempli d'amertume, de frustration, de colère, d'angoisse et de désespoir. Pourtant, sous l'inspiration du Saint-Esprit et par la grâce de Dieu, c'est là que Paul écrivit l'épître de la joie. C'est à cet endroit d'illusion perdue que l'Esprit de Dieu inspira l'apôtre Paul à écrire Philippiens 4.4 : *Réjouissez-vous toujours dans le Seigneur ; je le répète, réjouissez-vous.*

Dans cette saison de paradoxes, d'épreuves, de douleurs, parsemée de questionnements sans réponses, de menaces et d'inconnus, Paul nous défie, encore aujourd'hui, à vivre une vie chrétienne empreinte de joie. Il rappelle cette vérité des pages de l'Ancien Testament à la Nouvelle Alliance, à vous et moi aujourd'hui : *la joie du Seigneur sera notre force* (Néhémie 8.10).

La joie est une grâce

Dans le texte original[5], le mot «joie» utilisé par Paul est tiré du grec *xará* et partage la même racine étymologique que le mot «grâce», de *xáris*. En d'autres termes, la joie est une grâce. C'est un don de Dieu, au même titre que le Salut ou le fruit de l'Esprit. La joie authentique qui vient de Dieu se matérialise par une grâce spéciale, différente. C'est une grâce remarquable et remarquée. Elle dépasse de loin le cadre limité de nos faibles capacités humaines.

En fait, l'apôtre Paul offrait aux Philippiens et à chaque croyant moderne, une clé qui peut et doit changer notre vie : la source de notre joie n'est pas circonstancielle, elle est le produit d'une grâce intérieure qui habite et irradie chaque chrétien qui entretient une relation avec son Dieu.

Croyez-moi, après plus de 30 années passées dans le ministère pastoral, j'ai vu cette grâce intérieure, réelle, qui n'a rien de mystique chez des milliers de croyants modernes qui, épreuve après épreuve, étaient portés par une force divine et surnaturelle ; une force qui leur permettait de faire face aux pires souffrances et atrocités. Ils marchaient pourtant comme nous sur le sol de la réalité humaine, mais leurs regards rayonnaient d'une joie *xará* et leurs âmes étaient habitées d'une grâce *xáris*.

Cette force de Dieu dans la vie du croyant moderne est un phénomène hallucinant, présent aux quatre coins de la planète, même dans les régions du monde où les chrétiens font face à des circonstances extérieures terribles, des citées appauvries et menaçantes de la banlieue parisienne au Congo ravagé par la guerre, du Bangladesh intolérable et terrifiant par sa pauvreté abjecte jusqu'en Haïti recouvert de décombres après le tremblement de terre. Partout, j'y ai rencontré des chrétiens limités en biens matériels, mais débordants de joie, des chrétiens privés de l'aide de l'État, mais paradoxalement pleins de joie ; des chrétiens au niveau de vie tellement inférieur au nôtre, occidentaux, mais au niveau de joie tellement supérieur. Il est à présent d'une évidence incontestable pour moi que les chrétiens les plus joyeux ne sont ni en Amérique du Nord ni en Europe. Ils sont dans les endroits les plus misérables du monde.

Pourquoi ? Pourquoi ne sommes-nous pas davantage joyeux ? Pourquoi ne sommes-nous pas plus revêtus de cette grâce, de ce don, de ce cadeau de Dieu qu'est la joie ? Pourquoi luttons-nous si souvent, comme le décrit cette dame dans son courriel, contre une tristesse latente et contre un découragement récurrent ? Et surtout, comment pouvons-nous recapturer et réactiver ce potentiel de joie authentique dont parle Paul dans sa lettre aux Philippiens ?

La réponse est simple : la joie, qui est une grâce de Dieu, nous est facilement volée. En réalité, la joie n'est pas un cadeau de la vie, c'est la somme de nos choix de vie. Face à ce constat, pour retrouver, développer et maintenir notre joie, nous devons connaitre et nous protéger contre les cinq voleurs de joie que Paul identifie dans son hymne à la joie.

Connaitre et se protéger des cinq voleurs de joie

Ces cinq voleurs viennent tous les jours contre nous pour essayer de piller et anéantir le rayonnement de notre potentiel de joie. Paul désirait que chaque croyant puisse les identifier afin d'apprendre à s'en protéger et ainsi restaurer, conserver ou multiplier sa joie et la répandre à son entourage. Je vous les présente en rafale de façon concise, pratique, facile à mémoriser et à appliquer à votre propre réalité dans chacune des sphères de votre vie.

1. Nos pertes

Paul avait connu plusieurs pertes tout au long de son pèlerinage. Son autonomie, sa liberté, sa sécurité, son identité, son travail, ses accomplissements et certains de ses rêves et aspi-rations les plus élémentaires et les plus nobles lui avaient été cruellement arrachés.

Nous devons protéger notre joie en la dissociant de ce que nous possédons. Notre joie est en Christ seul et dans son salut offert à la croix. Rien ne pourra nous dérober cette source de joie. Elle est fondée sur ce que nous ne pouvons pas perdre et qui ne peut nous être enlevé. Aucune circonstance ne peut alté-rer d'un iota notre salut, son amour pour nous, sa présence, ses promesses, son pardon, sa grâce, sa fidélité et notre éternité assurée avec lui.

Notre joie est protégée et renouvelée lorsque chaque jour, dans la prière, par la lecture et la méditation de sa Parole, nous nous focalisons sur ce qu'il a rendu possible.

2. La petitesse humaine

Certains sont jaloux de moi et recherchent mon malheur.
(Philippiens 1.17)

L'apôtre Paul parle de tous ceux qui se réjouissaient de ses malheurs et étaient animés d'un esprit de dispute, de jalousie et même de vengeance. Ces personnes avaient oublié tout ce que Paul avait accompli pour Dieu et pour elles-mêmes.

Nous devons protéger notre joie en prenant de l'altitude face à la petitesse, la médisance, la méchanceté et la bêtise humaine qui menacent de fissurer notre réservoir de joie. Relâchez-les et c'est vous qui serez libéré[6]. Avec un œil pour un œil, le monde entier serait aveugle. La rancune, c'est boire du poison en espérant faire mal à celui qui nous en a fait. Ne laissons pas la petitesse humaine nous voler notre joie. Choisissons de laisser la grandeur, la hauteur et la profondeur de son amour parfait éclipser les mesquineries momentanées. Choisissons de rester focalisés sur les belles et bonnes relations de notre vie, sur les bontés, la noblesse, la gentillesse et la générosité des gens qui nous entourent. Dans ce monde, choisissons de regarder les gens bien (et ils sont nombreux) et la beauté des chrétiens authentiques qui nous entourent.

3. Le péché

Ils sont fiers de ce qui devrait faire leur honte. (Philippiens 3.19)

Le péché est un des plus grands voleurs de joie. Il peut s'agir du péché que les autres nous ont fait subir ou du péché en nous-mêmes, celui que l'on couvre ou que l'on cache, le péché secret qui vole et annihile la joie du chrétien.

Croyez-moi, dans tous mes combats et épreuves, et parce que j'ai eu le privilège de vivre des moments d'intenses accomplissements et réalisations pour Dieu, une des choses qui me procure le plus de joie, c'est une vie droite devant lui. Je ne vous parle pas d'une vie de perfection, mais d'une vie d'intégrité. Une mesure de joie infinie est donnée à la personne qui a une conscience pure devant Dieu.

Si la repentance est une source de joie profonde, l'endurcissement, le déni et les péchés cachés, eux, tuent la joie. Dans ce contexte, certains chrétiens se mettent souvent à blâmer, à élever des écrans de fumée et à feindre de grandes remises en question philosophiques, à prétendre avoir besoin de recul, à exagérer les offenses subies, à extrapoler sur les torts de l'église, alors que c'est le péché qui gruge leur joie.

Or, nous éprouvons une joie limpide et débordante à être dans la vérité, vivre dans la droiture, honorer nos engagements, être fidèles envers notre conjoint ou conjointe et nos enfants, être intègres dans nos affaires et avec notre Dieu, comme si chaque jour était celui où nous nous présenterions devant Dieu. Ceci n'est pas une mission impossible. Là où le péché abonde autour de nous, sa grâce surabonde en nous[7]! Balayons donc du revers de la main toute fausse grâce trompeuse, sirupeuse et mortelle qui devient une excuse pour tolérer la souillure. La grâce n'est pas un passeport pour le péché; elle est plutôt une puissance contre lui.

Celui qui est en nous est plus grand que celui qui est dans le monde[8], et Dieu nous donne les forces et les capacités de vaincre chaque tentation et d'avoir une vie pure et belle. Reconnaissez ce qui est mal, repentez-vous, puis goûtez à une joie qui vous était jusque-là inaccessible.

4. Les pressions et problèmes du quotidien

J'ai dû apprendre à être satisfait en toutes circonstances, dans l'abondance comme dans le besoin. (Philippiens 4.12)

Paul était dans une saison où la pression qu'il portait aurait pu l'écraser. Cloîtré dans le couloir de la mort, il attendait un procès truqué. Chaque jour, il affrontait les défis accompagnants son handicap physique et ses problèmes de santé sévères. Il subissait la pression exercée par les dissensions et tensions faisant rage au cœur des églises qu'il avait implantées. Il portait quotidiennement dans son cœur le poids et le fardeau de l'épanouissement spirituel d'une multitude qu'il avait conduite au Seigneur. Malgré tout, il nous rappelle que, quelles que soient les circonstances auxquelles nous faisons face, nous devons apprendre ou réapprendre à trouver notre joie en Dieu, qui lui seul est immuable.

Nous devons fixer nos yeux, notre cœur, nos pensées et nos prières sur notre Dieu, sur Christ, sur ses attributs, sa fidélité, ses exploits passés dans notre vie, sur toutes les fois où il nous a fortifiés, guéris, relevés et où il a transformé nos tempêtes en témoignages. C'est ainsi que nous retrouvons, protégeons ou renouvelons sa joie en nous.

5. Les peurs et préoccupations pour nos proches

Mon frère Épaphrodite a été malade et aux portes de la mort.
(Philippiens 2.27)

Paul était, comme vous et moi, préoccupé par la situation, la santé ou le salut de personnes proches de lui. Il fit notamment allusion à son inquiétude pour la santé d'Épaphrodite, lequel était tombé gravement malade. Parfois, ce n'est pas notre propre situation qui vole notre joie, mais celle d'un proche : un fils ou une fille loin de Dieu, un proche atteint de cancer, la souffrance actuelle ou l'avenir inquiétant d'une personne que nous aimons. Dans Philippiens 1.9-11, il nous propose quatre directions de prière pour revivre une joie authentique lorsque nous avons peur ou sommes préoccupés pour nos proches :

> *Et voici ce que je demande dans mes prières : c'est que votre amour augmente de plus en plus en pleine connaissance et en parfaite sagesse pour que vous puissiez discerner ce qui est important. Ainsi vous serez purs et irréprochables au jour du Christ, où vous paraitrez devant lui chargés d'œuvres justes, ce fruit qui vient de Jésus-Christ, à la gloire et à la louange de Dieu.* (Philippiens 1.9 -11)

❯ Prions pour nos proches, afin que leur amour pour Dieu et celui qu'ils ont pour eux-mêmes augmentent. Certains ont même perdu le goût de vivre, mais prions avec joie que le Seigneur augmente l'amour dans leur cœur.

❯ Prions afin que les gens de notre entourage fassent les bons choix.

❯ Prions afin qu'ils grandissent dans leur sincérité, leur droiture et leur compréhension des plans et de la volonté de Dieu pour la vie abondante qu'il leur a préparés.

❯ Par-dessus tout, prions pour qu'au cœur même de la situation difficile qu'elles traversent, les personnes de notre entourage rencontrent ou reviennent au Seigneur Jésus.

Nous devons non seulement connaitre Jean 3.16 : *Car Dieu a tant aimé le monde, qu'il a donné son Fils unique, afin que quiconque croit en lui ne périsse pas, mais qu'il ait la vie éternelle,* mais surtout pratiquer 1 Jean 3.16 : *Nous avons connu l'amour en ce qu'il a donné sa vie pour nous, c'est pourquoi nous aussi, nous devons donner notre vie pour les autres et ne pas leur fermer nos cœurs* (ou littéralement, nos entrailles).

Demandons à Dieu de renouveler en nous ce cœur qui ne se ferme pas malgré la souffrance, qui ne tourne pas le dos à l'espoir. Même si nous ne voyons pas de changement dans l'immédiat, continuons de croire et d'espérer, parce qu'ayant reçu l'amour de Dieu, nous choisissons de l'offrir à notre tour avec joie, malgré la douleur de nos prières qui semblent être restées en salle d'attente (pour le moment et même dans certains cas, depuis longtemps), car nous avons la conviction que chaque prière a été entendue et que Dieu agit. Alors, apprenons non seulement à le remercier pour ce qu'il a fait pour nous à travers l'œuvre de Christ à la croix, mais donnons à notre tour notre temps, notre talent, notre énergie, notre patience et notre écoute à ceux qui ne le connaissent pas.

Pour développer le «réjouissez-vous» de notre potentiel, nous devons connaitre et nous protéger contre ces cinq voleurs de joie, mais nous devons aussi mettre en pratique «les cinq lois de la joie».

Choisir de pratiquer les « cinq lois de la joie »

1re loi. La joie ne doit pas être recherchée, elle doit être créée.

La joie n'est pas une attente, c'est une action. Ce n'est pas la recherche de conditions ou de circonstances, c'est une résolution du cœur. Ce n'est pas une émotion, c'est un engagement. Chacun peut la créer et la protéger chaque jour à travers sa façon de penser, de parler ou de se comporter. Nous pouvons la créer par le sourire, l'humour, la reconnaissance, en remerciant Dieu au quotidien pour tout ce qu'il a fait et tout ce qu'il nous a donné. Nous créons la joie en servant l'autre, en aidant quelqu'un, en refusant l'isolement. Nous créons de la joie en portant attention à ce qui occupe nos pensées, en choisissant de méditer et de nourrir notre cœur avec ce qui est positif et vrai, en refusant le mensonge de l'accusateur de notre âme[9]. Nous créons la joie en ne nous prenant pas trop au sérieux, en riant de nous-mêmes, en choisissant de voir l'humour de certaines situations et certains événements quotidiens. Nous avons tous le choix de rire ou de nous frustrer lorsque nous sommes confrontés à nos erreurs, bourdes ou cafouillages.

Je vous défie de demander à Dieu, chaque matin, de vous aider à créer de la joie autour de vous et à voir et saisir les opportunités de joie. Dieu désire nous aider, nous habiliter à devenir joyeux par notre attitude, notre mentalité renouvelée et notre disposition d'esprit, prêts à saisir tous les moments de joie dans nos journées. Imaginez à quel point l'atmosphère de notre relation de couple, de notre maison, de notre milieu d'étude ou de travail et de notre église serait révolutionnée si chacun réalisait le potentiel de création de joie auquel nous sommes destinés.

2e loi. La joie n'est pas un but, c'est un résultat.

Si vous poursuivez le bonheur, vous vivrez une vie malheureuse et centrée sur vous-même, parce que la joie est le sous-produit, la somme, le résultat d'une saine façon de penser et de vivre selon l'enseignement et les standards bibliques. La joie est notamment le fruit et l'expression d'un cœur reconnaissant. Si je devais vous donner un conseil de joie très simple et pratique, ce serait le suivant : votre attitude de gratitude déterminera l'altitude de votre joie.

Paul avait cultivé un cœur de gratitude qui lui permettait de vivre à une très haute altitude de joie. Dans Philippiens 1.5, il dit : *Je remercie Dieu et je suis dans la joie et tellement reconnaissant pour toute l'aide que vous m'avez apportée.* Pourtant, à cette période dont parle Paul, en l'occurrence celle de l'implantation de l'église de Philippes, il traverse une saison d'opposition féroce : arrêté, battu presqu'à mort, faussement accusé, emprisonné, chassé de la ville, etc. Paul choisit de se rappeler ce que les gens ont fait de bien pour lui. Il choisit une attitude de gratitude. Plus vous serez ingrat, avare et muet lorsqu'il s'agit de rendre grâces, plus vous perdrez votre joie parce que l'ingratitude tue la joie. Au contraire, plus vous serez reconnaissant, plus vous verrez augmenter votre joie.

3e loi. La joie qui dépend des événements est temporaire.

La joie authentique qui transcende toutes les circonstances adverses est bâtie par des habitudes et des pratiques de vie. Notre existence sera jalonnée de saisons de joie temporaire qui finiront par disparaitre aussi vite.

Pour le célibataire, la joie absolue est synonyme de mariage! Après quelques semaines de mariage, nous réalisons tous que la joie est bien plus complexe que ce que nous anticipionsJ. Lorsque nous partons en vacances au soleil, notre joie est à son comble! Au retour, la joie descend de quelques étages quand nous recevons notre état de compte de carte de créditJ. Comprenez-vous?

J'ai récemment vécu cet «ascenseur émotionnel» de la joie dans une même soirée. Je regardais un match de hockey où s'affrontaient mon équipe favorite, Les Canadiens de Montréal, et les Rangers de New York. Nous étions en pleine fièvre des séries éliminatoires pour la coupe Stanley[10]. Le vainqueur du match se rendrait au tour suivant. Confortablement assis dans mon salon, je portais fièrement le chandail du Canadien et textais régulièrement mon ami Jim Cymbala, pasteur à New York et fervent partisan de l'équipe adverse. Tout à coup, une source de joie extraordinaire est apparue sur mon téléphone cellulaire! Un homme d'affaires de notre église m'envoyait ce courriel: «Cher Pasteur Claude, je tenais à vous remercier pour les prédications apportées chaque dimanche. Pour moi, elles sont comme des cadeaux offerts semaine après semaine... En guise de remerciement, j'aimerais vous offrir à mon tour un cadeau. J'ai prié avant de vous envoyer ce courriel et j'espère que vous l'apprécierez et que vous l'accepterez. C'est un cadeau sans condition, totalement gratuit. Soyez assuré que je ne m'attends absolument à rien en retour. En effet, je viens d'avoir la confirmation que si Les Canadiens gagnent ce soir, j'aurai deux billets pour des sièges situés à trois rangées de la patinoire, juste à côté du banc des Canadiens. J'aimerais vous les offrir! Après les résultats de ce soir, que nous espérons positifsJ, veuillez s'il vous plait m'informer de la façon dont je pourrais vous les faire parvenir…»

Wow! Montée de joie instantanée. Ça n'aura duré que 90 minutes, le temps pour mon équipe de se faire éliminer par nos ennemis new-yorkais! Et le temps que le pasteur Cymbala me texte pour me tourmenter avec la victoire de ses Rangers! ☺ La joie apparaît… la joie disparait. Nous savons que nous devons dépasser et transcender ce type de joie éphémère pour cultiver une joie authentique qui découle de notre relation avec Dieu et de tout ce qu'elle nous offre.

4e loi. Les habitudes de joie créent une saine dépendance.

Nous pouvons développer des habitudes nuisibles ou des habitudes porteuses de joie. Les premières engendrent des dépendances et sont potentiellement destructrices: fumer, boire trop d'alcool, manger des aliments néfastes, trop travailler, négliger notre famille, nous endetter, consommer de la drogue, mentir, voler, frauder, cacher, être amer, s'isoler, dilapider notre temps et polluer notre esprit sur Internet ou devant le téléviseur, etc.

Les deuxièmes engendrent de saines dépendances et sont constructives : la discipline de la prière, la lecture de la Parole, une attitude de reconnaissance, de gratitude, de générosité, de pardon ; s'entourer de personnes positives, servir avec des chrétiens dynamiques, choisir de nous éloigner des personnes négatives, moroses et cyniques.

Nous pouvons aussi profiter de toutes les occasions possibles pour entretenir une atmosphère positive de joie : écouter de la musique chrétienne dans notre voiture en nous rendant au travail, nous lever le matin et nous coucher le soir avec un message ou une lecture édifiante, nous joindre à un petit groupe au sein duquel vivre un christianisme communautaire authentique en plus de prendre part aux réunions du dimanche à l'église, servir Dieu et sa communauté avec nos talents et capacités, développer de saines habitudes de vie, étudier et grandir dans notre connaissance de Dieu et de ses plans pour notre vie, suivre un cours biblique, faire un voyage missionnaire ou humanitaire de courte durée, faire du bénévolat, développer notre créativité, aider quelqu'un, prier avec notre famille ou des amis, etc.

5e loi. La joie est indépendante de nos circonstances, c'est un choix.

Un choix ? Vraiment ? Comment nous réjouir dans ces saisons où l'épreuve nous frappe et où nous sommes poussés à tout sauf à la joie ? En choisissant la joie, toujours et malgré tout. La joie est bien plus qu'un désir ou un souhait, c'est une décision spirituelle quotidienne. C'est plus qu'un trait de notre personnalité, c'est une perspective différente des événements auxquels nous sommes ou serons confrontés. C'est plus qu'un moment victorieux et passager, c'est un mode de vie permanent ; plus que des circonstances positives, c'est un choix personnel. Et ce choix fera une différence dans le déroulement et le dénouement de nos journées, de nos relations, de notre vie entière, ainsi que dans l'épanouissement et l'accomplissement de notre potentiel.

La joie est un choix, toujours et malgré tout

Malgré tout, mes frères, réjouissez-vous dans le Seigneur. Réjouissez-vous toujours dans le Seigneur. Je le répète : réjouissez-vous. (Philippiens 3.1 et 4.4)

Avant de conclure ce chapitre, je vous partage les témoignages de Christina et de Marianne, deux femmes qui, à mes yeux, incarnent magnifiquement le choix de la joie au quotidien, toujours et malgré tout.

Témoignage de Christina

Chaque mercredi matin, mon épouse Chantal vit des moments merveilleux avec les femmes de l'Église Nouvelle Vie en animant des réunions de prière. C'est pour elle une opportunité et un privilège d'apporter la Parole (elle se prépare passionnément), mais c'est aussi l'occasion d'inviter des femmes de l'église à témoigner pour s'encourager mutuellement dans la foi. Un de ces mercredis, Christina, jeune maman dans la vingtaine, a exprimé comment et pourquoi elle a dû faire le choix de la joie à travers des circonstances bouleversantes. Je vous livre son témoignage.

Christina et Samuel, son mari, avaient deux enfants en parfaite santé. Pendant sa troisième grossesse, lors d'une échographie de routine, les médecins identifièrent une anomalie. Le bébé présentait les caractéristiques anatomiques d'un syndrome génétique rare. La recommandation du corps médical a tout de suite été l'avortement. Imaginez-vous un instant le cœur de cette jeune maman d'à peine 24 ans. Elle était simplement venue à cette visite médicale pour connaitre le sexe de son troisième enfant et on lui recommandait brutalement de s'en séparer.

Après le choc de la nouvelle, Samuel et Christina prièrent puis décidèrent devant le Seigneur de mener cette grossesse à terme et d'aimer cet enfant quoiqu'il arrive. L'équipe médicale les mit en garde face aux éventuelles complications reliées à leur choix : le bébé risquait de mourir dans son sein, le jour de l'accouchement ou quelques jours plus tard. Si l'enfant survivait miraculeusement, il risquait de naître avec des complications et d'être affligé de plusieurs handicaps graves. C'était une situation terrible où la joie ne pouvait plus être circonstancielle, ça devait être un choix : sombrer et crouler sous la peine et l'angoisse ou regarder et affronter la situation dans la présence, selon la perspective et avec les promesses de leur Dieu. Christina et Samuel choisirent la joie, ils firent le choix de la foi.

Le jour de l'accouchement, mon épouse et moi, ainsi que toute la famille de Christina étions en prière. En pleine nuit, à 3 h 45, le bébé arriva ! Un garçon, bel et bien en vie et tout simplement magnifique ! Dès le premier jour de sa naissance, ce jeune combattant commença à déjouer les pronostics et statistiques humains. Quelque deux ans plus tard, alors que j'écris ces lignes, son développement moteur et ses capacités intellectuelles sont supérieurs à ce qui avait été anticipé par le corps médical. Ce petit garçon est une source de joie extraordinaire pour ses parents, son frère, sa sœur et toute leur famille. Ils sont aussi une inspiration pour tous ceux qui les côtoient. Cette épreuve si dramatique et ce combat qui se poursuit les rendent aptes à apporter une aide précieuse, des conseils et des encouragements à plusieurs personnes traversant des vallées de douleur. Même s'il reste des points d'interrogation quant au futur de leur enfant, j'ai vu ce jeune couple traverser cette épreuve, qui aurait pu les écraser, en faisant le choix de la joie et de la foi, chaque jour.

À la fin de la réunion de prière des femmes de notre église, Christina partagea un texte qu'elle avait composé et que j'aimerais offrir à chaque personne qui traverse une saison d'événements troublants et inquiétants :

À travers tous ces moments difficiles, notre foi a grandi et s'est affermie. Nous sommes plus unis en tant que famille. Nos priorités ont changé, et par-dessus tout, nous avons vécu combien notre Dieu est un Dieu de miracle et il est vivant. J'espère que cela inspirera quelqu'un qui vit des moments difficiles. J'ai expérimenté des choses nouvelles. L'angoisse s'est transformée en une paix qui dépasse toute intelligence et c'est vrai. J'ai foi en Dieu pour mon avenir et celui de notre fils. Je me repose sur ses promesses. Ces événements ont changé notre vie pour le meilleur. Je suis certaine que vous aussi connaitrez des saisons similaires. Je vous le souhaite, car elles nous font saisir qui Dieu est. Il a testé notre foi, il nous a étirés dans des dimensions que nous ne pensions pas que nos sentiments puissent se rendre, mais il nous a appris comment être résilients et comment placer notre main dans la sienne et lui faire confiance. Nous ne savons pas ce que l'avenir nous réserve. Les médecins peuvent nous informer de faits médicaux, mais c'est notre devoir de croire que Dieu est en contrôle de toute chose et c'est notre devoir de lui remettre notre vie. Je l'ai fait, nous l'avons fait ensemble comme famille, et cela change notre vie, chaque jour.

Sincèrement,
Christina et Samuel.

Si le témoignage de Christina nous défie à placer notre confiance en Dieu dans les sections «malgré tout» de notre vie, le témoignage de Marianne nous rappelle et nous encourage à nous «réjouir toujours» en Dieu.

Témoignage de Marianne Lecompte

Marianne était une jeune femme dans la vingtaine lorsqu'elle quitta son Angleterre natale pour venir vivre au Québec. Issue d'une famille chrétienne, elle s'intégra rapidement et servit dans une église québécoise en plein cœur d'un quartier ouvrier de Montréal. Un jour, un jeune homme aux allures de dur s'avança à l'appel pour redonner sa vie au Seigneur. Il avait connu l'Évangile à un jeune âge, sa mère l'avait consacré à Dieu et l'avait nommé Samuel, comme Anne dans la Bible, en priant : «Seigneur, il te servira au Québec».

À la mort de son père des suites d'un cancer virulent, le jeune Samuel devint révolté et extrêmement rebelle. Il courait les rues et les bars, s'engagea dans la marine, devint boxeur et côtoya des gangsters. Saisi d'une conviction profonde, Samuel revint à

Dieu et remarqua très vite la belle Marianne. Dans les mois qui suivirent, Samuel et Marianne apprirent à se connaitre, se fréquentèrent, puis se marièrent et s'engagèrent dans le ministère.

Au fil des mois et années, à travers plusieurs saisons difficiles de conflits dans l'église dont il était le pasteur, le jeune Samuel abandonna le ministère, quitta l'église et s'éloigna de Dieu. Le couple déménagea avec ses trois enfants, et Samuel s'engagea comme policier sur des barrages électriques dans le nord du Québec, à Baie-Comeau dans le comté de Manicouagan (à 700 km au nord de Montréal). Samuel erra ainsi loin de Dieu pendant onze ans, menant la vie dure de policier, côtoyant la misère et la violence, devenant cynique et semblant être plus loin de Dieu que jamais.

Marianne ne cessa jamais de prier pour lui pendant toutes ces années. Au quotidien, elle choisissait de se «réjouir toujours» dans le Seigneur et de choisir la joie et la foi. Lorsque son époux s'endormait tard le soir ou très tôt le matin après ses nuits tumultueuses et dangereuses de policier et de détective, Marianne posait délicatement sa main sur sa tête et priait : « Seigneur, je te prie pour mari. Je te prie pour Samuel. Je te remercie parce qu'un jour, il va revenir à toi. Il est appelé par toi. Tu vas faire de lui un prédicateur, un homme de Dieu qui accomplira ta volonté».

Un dimanche, il la surprit en disant : «Je vais aller à l'église avec toi et les enfants ce matin.» Après quelques minutes du message, il sortit de l'église en claquant la porte. De longues et dures années passaient, mais Marianne priait et élevait ses enfants dans la foi et la joie.

Enfin, par un concours de circonstances et d'événements dramatiques, Samuel finit par crier vers Dieu et remettre sa vie et son avenir entre ses mains. Il redécouvrit la joie du pardon et de la présence de Dieu. Après 11 années à prier et à se «réjouir toujours», Dieu répondit à chacune des prières de Marianne. Non seulement Samuel revint au Seigneur, mais il s'engagea à nouveau dans l'œuvre de Dieu comme prédicateur et fonda une église à Laval, l'Église Évangélique de la Rive Nord, que l'on nomme aujourd'hui l'église Le Portail[11] et qui est l'une des plus grandes églises au Canada. Samuel est devenu Pasteur Sam, le père de Mark Lecompte et mon père spirituel. Ses deux filles, Janice et Christine, servent aussi le Seigneur avec leurs familles.

Aujourd'hui, au Québec, tout un mouvement de Dieu trouve son origine dans l'œuvre accomplie à travers le ministère de Pasteur Sam et de son épouse Marianne, la personne la plus joyeuse qu'il m'ait été donné de rencontrer dans ma vie. J'ai eu l'honneur et le privilège d'être auprès d'elle lors de ses derniers instants sur cette terre, quelques heures avant qu'elle n'entende la voix du Seigneur Jésus lui dire : «Bien fait, fidèle Marianne, entre dans la joie de ton maitre.» (Matthieu 25.23) Je me souviens de m'être assis à côté d'elle, comme un petit garçon, la tête sur l'oreiller, et de l'avoir remercié pour sa vie. Alors que j'embrassais ses mains, elle me répétait : «*It was all joy. It was all joy.*», «Tout n'était que joie, que de la joie.»

Une prière pour la joie

J'aimerais conclure ce chapitre en vous conduisant en prière. Nous avons tous besoin de voir notre joie être renouvelée, restaurée, développée et augmentée. Je vous appelle donc à prendre un temps seul à seul avec Dieu pour prier : « Seigneur, apprends-moi à prier avec joie. Souvent, je prie avec larmes, passion ou supplication. Mais Seigneur, apprends-moi à prier avec joie. Apprends-moi à prier pour les circonstances ou les personnes de mon entourage qui volent ma joie. Je te prie pour que ces personnes fassent les bons choix et se rapprochent de toi. Je te prie afin que leur amour pour toi et leur vision pour eux-mêmes augmentent. Seigneur, apprends-moi à choisir la joie malgré les saisons d'adversité dans ma vie. Je déclare par la foi que mon épreuve ne me volera pas ma joie, parce que la joie authentique, c'est ta présence, Seigneur. La joie authentique, ce sont tes promesses dans ma vie. Aide-moi, Seigneur, à regarder mes défis dans ta perspective. Aujourd'hui, je déclare ton règne sur ma vie, mes enfants, ma famille, mes études ou ma carrière, mon service pour toi, mon passé, mon présent et mon avenir, et je choisis la joie. Amen ! »

MON POTENTIEL EN QUESTIONS
Pistes de réflexion pour approfondir les pensées de ce chapitre

» Quelles sont les cinq lois de la joie ? Expliquez et personnalisez chacune d'elles face aux défis de votre vie.

» Quels sont les cinq tueurs de joie et comment opèrent-ils dans votre vie ?

» Comment êtes-vous appelé à résister aux tueurs de joie ?

» Pourquoi est-ce si important d'être reconnaissant pour les personnes qui sont dans votre vie et comment cette pratique peut-elle contribuer à votre joie (1.3-4) ?

» Que signifie vraiment prier avec joie pour les personnes de votre entourage et comment l'apôtre Paul nous enseigne-t-il à prier pour elles (1.9-11) ?

» Si la joie ne doit pas être recherchée, mais bien créée, quelles habitudes de vie concrètes pouvez-vous adopter dès aujourd'hui pour propager de la joie autour de vous et en vous ?

» Si les habitudes de joie peuvent créer une saine dépendance, quelles sont vos dépendances tueuses de joie qui doivent être renversées puis remplacées ?

....

Chapitre 5

LA RICHESSE
DE NOTRE POTENTIEL

*Que votre douceur soit connue de tous les hommes.
Le Seigneur est proche. Ne vous inquiétez de rien;
mais en toute chose, faites connaitre vos besoins à
Dieu par des prières et des supplications, avec des
actions de grâces. Et la paix de Dieu, qui surpasse
toute intelligence, gardera vos cœurs et vos pensées
en Jésus-Christ. Au reste, frères, que tout ce qui est
vrai, tout ce qui est honorable, tout ce qui est juste,
tout ce qui est pur, tout ce qui est aimable, tout ce qui
mérite l'approbation, ce qui est vertueux et digne de
louange, soit l'objet de vos pensées. Ce que vous avez
appris, reçu et entendu de moi, et ce que vous avez
vu en moi, pratiquez-le. Et le Dieu de paix sera avec
vous.* (Philippiens 4.5-9)

Car un enfant nous est né, un fils nous est donné, et la domination reposera sur son épaule ; on l'appellera Admirable, Conseiller, Dieu puissant, Père éternel, Prince de la paix. (Ésaïe 9.6)

Dans le quatrième chapitre de sa lettre adressée aux croyants de Philippes, l'apôtre Paul nous révèle comment découvrir, développer et demeurer dans la paix de Dieu, l'ultime richesse de notre potentiel. Il s'agit d'une part d'un enseignement profondément pratique visant à équiper chaque croyant à travers l'histoire face à ses défis quotidiens, et d'autre part d'un enseignement christocentrique, c'est-à-dire centré sur la personne de Jésus-Christ, le Dieu de paix. La paix, la sérénité, le calme, l'apaisement du cœur et des pensées font partie des plus riches facettes de l'œuvre du Seigneur dans la vie du croyant. Ce sont des caractéristiques intrinsèques à la personne de Jésus-Christ. En effet, plus de sept siècles avant la rédaction de l'épître du potentiel, le Ciel annonçait déjà par la voix du prophète Ésaïe la venue de Jésus, celui que l'on appellerait le Prince de la paix[1] ou dans sa forme hébraïque originale le *Sar shalom*[2].

En hébreu, l'expression *« Sar »* désigne un prince, un souverain qui règne avec force et autorité. C'est le *Tsar* ou le *César* ayant toute autorité pour nous accorder son *shalom*, sa paix. C'est notre choix au quotidien, un libre arbitre auquel nous sommes tous sujets : demeurer ou non sous l'autorité du souverain de la paix. Nous pouvons, dans nos décisions, actions, motifs et pensées, choisir de nous réfugier *sous* ou, au contraire, choisir de nous retirer *de* l'autorité et de l'apaisement du *Sar shalom*.

Concrètement, il arrive qu'une personne ait déjà vécu à l'abri du *Sar shalom*, mais que par son amertume, son refus de pardonner ou par l'offense qu'elle entretient dans son cœur, voit sa paix se dissiper et fondre comme neige au soleil. Une personne talentueuse appelée de Dieu qui entretient des pensées de jalousie et de comparaison s'éloigne ainsi du Prince de la paix. La personne aux prises avec la pornographie et qui efface semaine après semaine son historique de navigation Internet souille régulièrement son âme et se retire peu à peu de la seigneurie du Prince qui accorde sa paix.

Souvent, ce sont des évènements tragiques et inattendus qui volent notre paix et nous retirent de la protection du *Sar shalom*. Un simple coup de fil peut altérer le cours de votre vie pour toujours : votre enfant vient d'avoir un accident de voiture, on vous annonce votre congédiement impromptu, vous devez aller chercher votre adolescent au poste de police, votre dernière radiographie présente une anomalie…

Dans sa lettre du potentiel, l'apôtre Paul ne nie pas l'évidence. Il n'est pas en déni de la réalité, mais plutôt en découverte et en décision. Il sait que les circonstances tragiques par lesquelles nous passons tendent inexorablement à attaquer et gruger notre paix intérieure. Paul en est une preuve vivante. En effet, dans sa souveraineté, Dieu l'inspira à écrire une véritable ode à la paix pendant l'une des saisons les plus dramatiques de sa vie.

Rappelez-vous, Paul était emprisonné, lié à un garde 24 heures par jour et 7 jours sur 7. Il attendait, du fond de son couloir de la mort, le jour où ses tortionnaires viendraient le saisir, le trainer à l'extérieur de la ville et l'exécuter froidement en martyr. Paul vivait dans des conditions où une épaisse fumée d'angoisse l'enveloppait continuellement et aurait dû l'asphyxier mentalement et psychologiquement. Il savait que l'heure de sa mort brutale et tragique sonnerait bientôt. Il comprenait que le temps de son départ approchait[3]. Dans une version XXIᵉ siècle, Paul avait déjà reçu le fameux coup de fil qui annonce : « Il ne vous reste que quelques mois à vivre ».

C'est à travers les écrits de cet homme meurtri et pendant cette saison tragique que Dieu proclama à l'humanité qu'il demeure, hier, aujourd'hui, pour toujours et en toutes circonstances, le Prince de la paix. Vous conviendrez à présent que le passage de Philippiens 4.9 : *Ce que vous avez appris, reçu et entendu de moi, pratiquez-le. Et le Dieu de paix sera avec vous,* prend toute son ampleur, sa noblesse et sa pertinence lorsqu'il vient de la plume d'un homme si terriblement attaqué.

Je crois que chacun de nous a beaucoup à apprendre de cette paix qui animait le cœur et les pensées de Paul. J'aimerais donc vous proposer dans ce dernier chapitre trois dynamiques de paix qui reposent sur des choix, des pratiques et des apprentissages de vie au quotidien : rebâtir notre révélation de sa proximité, apprendre à renouveler nos pensées et refuser toute condamnation.

Rebâtir notre révélation de sa proximité

Que votre douceur soit connue de tous. Le Seigneur est proche.
(Philippiens 4.5)

Pour quels traits de personnalité sommes-nous connus de tous ? Par quels comportements et réactions quotidiens sommes-nous décrits par notre entourage ? Est-ce par notre impatience, notre impulsivité, notre tempérament sanguin ou colérique ? Ou au contraire sommes-nous connus de tous pour notre douceur et notre calme ?

L'apôtre Paul traite sans détour de ces questions politiquement incorrectes en rappelant qu'un chrétien ne doit pas être connu de tous pour son légalisme, son esprit critique, son arrogance ou son côté moralisateur. Non, un chrétien doit être reconnu pour des attributs auxquels tous nos contemporains (croyant ou non) aspirent, soit par l'amour qu'il dégage, la joie qu'il procure à son entourage, la paix qu'il incarne et une douceur connue de tous[4].

Le mot douceur est tiré du grec *epieikes* et se traduit par « être calme », « être sous la raison », « être raisonnable » ou « être en contrôle ». Cette expression était utilisée à l'époque pour décrire la météo maritime. On parlait d'une mer calme (une mer *epieikes*) comme un miroir et d'un vent doux et léger (un vent *epieikes*). Il ne s'agit pas d'une douceur qui évoque la faiblesse, au contraire, c'est une douceur pleine de force. L'expression *epieikes* appelle à des notions de raison et de croissance. La raison où l'on choisit de rester en contrôle et la croissance où l'on apprend à rester calme et raisonnable malgré les pressions exercées sur notre vie.

Vous êtes *epieikes* ou **Luis Suarez**? ☺

Luis Suarez[5] est une vedette internationale de soccer. Il est considéré comme l'un des cinq meilleurs attaquants au monde et son salaire annuel est d'environ 20 millions de dollars, de quoi rendre très *epieikes* la plupart d'entre nous! Sous la pression, Luis Suarez est connu de tous pour perdre le contrôle. En effet, lors d'un match éliminatoire de la coupe du monde en 2014, devant des dizaines de millions de téléspectateurs médusés, Luis Suarez se jeta subitement et sans raison apparente sur un défenseur italien pour le mordre sauvagement à l'épaule. Suspendu pour quatre mois, c'était la fin de cette coupe du monde pour lui. Il ne restait pourtant que quinze minutes avant la fin du match pour que son équipe, dont il est le joueur vedette, se qualifie pour le tour suivant. Toutefois, sous la pression, Suarez perdit la raison, il ne sut garder son calme. Ne soyons tout de même pas trop sévères avec ce jeune joueur, parce que si son dérapage a été enregistré et diffusé en boucle sur *YouTube* et sur toutes les télévisions du monde, nous avons tous été auteurs d'esclandres, de crises de colère ou de frustration que nous n'aimerions surtout pas voir sur les réseaux sociaux.

Les questions suivantes nous traversent probablement l'esprit: Es-tu vraiment sérieux, Paul? En tout temps et à travers tout, ma douceur doit être connue de tous? À travers toutes les circonstances de ma vie? Même lorsque mon enfant est transporté en ambulance? Même lorsque je perds mon emploi? Même lorsque je traverse un divorce? Même lorsque les médecins détectent une masse sur ma radiographie et me parlent de chimiothérapie? Mais voyons, Paul! C'est incompréhensible pour moi! J'ai besoin que tu m'expliques. Comment être dans la paix et rester serein lorsque tout s'effondre autour de moi?

La réponse de Paul à toutes ces questions tient en quelques mots: *Le Seigneur est proche* (Philippiens 4.5). Évidemment, ces mots contiennent une notion eschatologique qui annonce le retour de Christ, mais il y a aussi une affirmation puissante et trop souvent négligée de l'omnipotence, l'omniprésence et la proximité réelle de Dieu. J'imagine toutefois qu'en lisant cette brève réponse, la réaction des Philippiens devait ressembler à la vôtre aujourd'hui: «Euh… C'est tout Paul? C'est ça ta réponse? *That's it?* Pas plus?»

En lisant ce que le Saint-Esprit réaffirme à travers la plume de Paul à l'effet que le Seigneur est proche, vous devriez bondir de joie, lancer ce livre dans les airs (essayer tout de même de le lire jusqu'à la fin ☺) et rugir de toutes vos forces un retentissant «amen», peu importe l'endroit où vous êtes. Si au lieu de cela, en lisant le court verset de Philippiens 4.5, notre réaction s'est traduite par un simple bâillement ou un soupir silencieux, alors nous avons sans doute besoin d'une fraîche révélation de ce que cela signifie pour vous et moi aujourd'hui.

Le seul moyen par lequel nous pouvons être renouvelés dans la révélation de qui Dieu est, c'est de passer du temps dans sa présence et à lire sa Parole. Peut-être n'aimez-vous pas lire, mais je vous exhorte à vous faire violence et à commencer un plan de lecture de la Bible ou au moins du Nouveau-Testament. Sur une semaine, un mois ou une année, planifiez des sections et des temps de lecture de la Bible. Ne faites pas que lire, mais méditez la Parole, étudiez-la, prenez des notes dans un journal de lecture. Mémorisez des versets et laissez ses vérités faire leur œuvre en vous et vous révéler qui Dieu est.

Paul était un érudit, un intellectuel brillant de son époque, mais par-dessus tout, c'était un homme de révélation. Dans sa lettre aux chrétiens d'Éphèse, il écrit: *c'est par révélation que j'ai compris*[6]...

Dieu peut et veut donner vie à sa Parole en vous et vous encourager, vous diriger, vous renouveler et vous fortifier dans sa paix. Il désire que chaque croyant puisse expérimenter la réalité de la révélation dans différentes situations et saisons de sa vie.

Le Seigneur est proche

Subtilement dissimulée en plein cœur de l'épître aux Romains, Paul a entrouvert pour nous la porte de sa révélation au travers de quelques versets gravés à l'encre d'une somptueuse poésie. Pourtant, si je devais vous dresser le profil psychologique de l'apôtre Paul, soyons clairs, ce ne serait pas celui d'un poète classique. Paul était plutôt du genre cartésien hyperactif, un type d'écrivain méthodique et structuré. Il est l'auteur des plus époustouflants traités théologiques de l'histoire du christianisme.

Dans sa lettre aux Romains, il traverse et enseigne magistralement, chapitre après chapitre, les différentes doctrines théologiques d'expiation, de propitiation, de justification par la foi, de sanctification, de souveraineté absolue de Dieu, de sotériologie, de théisme et de christologie. Pas moins de onze chapitres d'une profondeur spirituelle et d'une rigueur intellectuelle inouïes! Tout à coup, Paul s'exprime en s'éloignant de manière surprenante de son type de personnalité et de son style d'écriture rigoriste; il s'élance dans une envolée lyrique et éclate comme dans un poème. Version XXIe siècle : imaginez-vous un professeur d'université qui, au beau milieu de son cours de quatre heures sur «Les us et coutumes des populations de l'est du Danemark issues de l'immigration subsaharienne au cours des périodes pré et postmédiévales» (tout un programme! Soyez bénis si vous enseignez ce cours ou si vous rêvez de le suivre) se transformait en chanteur d'opéra! ☺

Ô profondeur de la richesse, de la sagesse, de la connaissance de Dieu! Que ses jugements sont insondables, et ses voies, au-delà de toutes nos compréhensions! Qui a connu la pensée du Seigneur pour prétendre être son conseiller? (Romains 11.33)

En écrivant si magnifiquement sur la profondeur insondable de la richesse de Dieu, Paul nous conduit plus aisément dans un temps de louange et d'adoration où nous poserions enfin nos lunettes de scepticisme, de relativisme et de pessimisme pour simplement contempler l'infinie grandeur de notre Dieu. En fait, Paul nous défie à relâcher tous les pourquoi, quand et comment de notre raisonnement humain si limité afin de lever nos yeux vers le Ciel et entrer dans une fraîche révélation de qui Dieu est.

Il est le Seigneur qui est proche, le Seigneur dont la richesse, la connaissance, la grâce, le pardon, l'amour, la patience et la sagesse sont insondables. Il est le Dieu de toute éternité, infiniment riche, puissant et sage. Il sait tout de la moindre particule de poussière se trouvant sur chaque planète se trouvant sur les milliards de galaxies. Il connait tout de chaque goutte d'eau de chaque rivière, fleuve, mer et océan. Il est le Dieu de l'infiniment grand et le Dieu de l'infiniment petit. Qui serait le conseiller de Dieu? Il est parfaitement omniscient et omnipotent. Il sait tout de vous. Il sait tout de votre passé, de votre présent et de votre futur, et ce, depuis toujours. Il sait tout! Vous et moi? Nous ne savons même pas toujours où se trouvent notre téléphone cellulaire ou nos clés de voiture! ☺

Si nous voulons marcher et grandir dans des sentiers de paix, nous devons impérativement et quotidiennement rebâtir notre révélation de sa proximité. Nous devons nous arrêter un instant et redimensionner notre problème à l'échelle de son infinie puissance. Nous devons calibrer notre peur à l'échelle de son infinie paix, repositionner notre perspective selon ses infinies possibilités, mesurer notre petitesse à l'échelle de son infinie proximité.

Écrivez-le dans votre Bible, dans votre journal personnel, dans votre portefeuille, mais surtout, écrivez-le sur chaque mur de honte, de peur ou d'incrédulité de votre cœur : le Seigneur est proche... Je ne m'inquiéterai de rien. J'ai vu cette réalité de la proximité de Dieu porter des êtres humains et les rendre capables de transcender les pires circonstances. Le témoignage qui suit illustre et incarne puissamment cette réalité.

Témoignage de Kevin Ramsby

J'ai été ravi de rencontrer le Pasteur Kevin Ramsby alors que j'apportais la Parole dans une magnifique église de Détroit remplie de joie et de paix malgré le fait qu'elle soit située en plein cœur du quartier le plus violent et ayant le plus haut taux de meurtres par an de toute l'Amérique du Nord[7]. Pasteur Kevin venait de terminer une semaine d'œuvres communautaires dans les quartiers les plus durs de Détroit et se préparait à rejoindre sa famille pour des vacances bien méritées. En pleine nuit, pendant qu'il dormait, des voleurs fracassèrent une porte et s'introduisirent dans sa maison pour la dévaliser. Croyant la maison vide, ils se retrouvèrent face à face avec Kevin qui, alerté par le bruit, sortait de sa chambre. Les deux voleurs le poignardèrent 37 fois, le laissant pour mort. Kevin réussit miraculeusement à sortir dans la rue, tenant littéralement ses entrailles dans ses mains. Lorsque les policiers et ambulanciers arrivèrent, il était tellement recouvert de sang qu'ils ne pouvaient distinguer s'il était noir ou blanc. Non seulement Kevin survécut, mais il revint dans son église.

J'ai visionné la vidéo du dimanche où il a apporté la Parole pour la première fois après l'attaque. Il y parle passionnément de pardon, de réconciliation, de guérison, de l'Église comme modèle d'harmonie raciale et d'espoir pour cette communauté qu'il aime tant. Son histoire capta l'attention nationale et il eut l'occasion de partager ses expériences de paix qui surpasse toute circonstance sur une chaîne de télévision nationale.

Il expliqua à la nation entière comment le Dieu de paix l'a restauré, un jour à la fois. Le reportage télé était parsemé d'images de Kevin, les mains couvertes de bandages, lisant sa bible et écoutant des chants de louange dans sa chambre d'hôpital. Il témoigna comment, chaque matin, il demandait au Seigneur les forces et la paix nécessaires pour pardonner, guérir de ses traumatismes, reprendre ses activités et responsabilités. Cette paix surnaturelle est possible et accessible à chacun de nous. Kevin a su renouveler ses pensées au quotidien afin de garder son cœur et ses pensées en Christ.

Apprendre à renouveler nos pensées

Ne vous inquiétez de rien ; mais en toute chose, faites connaitre vos besoins à Dieu par des prières et des supplications, avec des actions de grâces. Et la paix de Dieu, qui surpasse toute intelligence, gardera votre cœur et vos pensées en Jésus-Christ. (Philippiens 4.6)

La terminologie grecque choisie par Paul pour «garder les cœurs et les pensées» est tirée du mot *phroureo*[8] et renferme la pensée d'une protection militaire. C'est l'image d'une troupe au sol repoussant une invasion ennemie ou assurant la sécurité de civils dans une ville assiégée. *Phroureo* pourrait donc se traduire par «veiller sur» ou «garder quelqu'un» dans le but de le préserver pour la réalisation d'un évènement à venir. C'est littéralement la pensée d'une paix de Dieu capable de nous protéger des pièges et des ruses de l'ennemi de notre âme afin de nous permettre de devenir la personne qu'il veut que nous soyons. C'est une paix qui repousse l'angoisse, la peur et la honte, mais qui retient les promesses de Dieu afin d'accomplir ses plans et sa volonté à chaque étape de notre pèlerinage de vie sur cette Terre.

L'enseignement de Paul sur la paix est donc réellement pratique : il faut apprendre quotidiennement à remettre toute chose entre les mains de Dieu. Or, il s'agit là d'un réel apprentissage, parce que notre tendance humaine est souvent de commencer par faire connaitre nos besoins aux gens qui nous entourent, puis éventuellement à Dieu, en dernier ressort. Au contraire, Paul nous appelle à faire du Seigneur notre premier recours, au quotidien, pour nos enfants, notre santé, notre emploi, nos finances, notre appel, etc. C'est littéralement le combat d'une vie.

Pour vous illustrer ce principe biblique de façon plus tangible, laissez-moi vous raconter la parabole du carton de déménagement selon Claude Houde. ☺ Dans cette parabole, le carton de déménagement symbolise tout ce que nous choisissons de remettre à Dieu. Les objets fragiles, lourds et de grand prix représenteraient nos sujets et requêtes de prière. Le déménagement illustrerait chaque transition et étape de notre vie. La parabole commence ainsi : « Seigneur, dans ce carton je dépose mon emploi, ma famille, ma santé, mes enfants, mon entourage. Je te fais confiance Seigneur. Tout ce poids est bien trop lourd à porter pour moi. Seigneur, je te les remets au nom de Jésus, avec supplication et actions de grâces, en te remerciant parce que tu es fidèle, grand, proche et parce que tu vas agir. Amen ! » À peine après avoir terminé cette prière, alors qu'une longue journée de déménagement commence, vous décidez finalement de reprendre un à un chaque objet, pourtant si lourd et si fragile… Me suivez-vous ? Vous reconnaissez-vous dans cette parabole ? ☺

Ce que Paul enseigne dans Philippiens 4.6 est on ne peut plus clair : remets chaque chose dans le carton et laisse Dieu agir, fais-lui confiance. Ce n'est pas un appel à la lâcheté, à la paresse ou à la procrastination où je ne fais plus rien de ce qui est à ma portée. Non, c'est un appel à la foi et à une nouvelle révélation de sa proximité. Même si mon fils ou ma fille est loin de Dieu, je continuerai à l'aimer et à prier pour lui ou elle, mais je ne porterai plus seul l'angoisse de son salut sur mes épaules. Si ma mère souffre d'Alzheimer, je continuerai à lui rendre visite et à prendre soin d'elle, mais je ne porterai plus seul le poids de sa condition et de son avenir. C'est un appel et un processus qui doivent devenir une attitude et une prière : « Je remets tout entre tes mains, mon Dieu : ma famille, mon passé, mon présent, mon futur, ma santé, mes finances, car tu es le Seigneur qui est proche. Au fur et à mesure que j'apprends à tout te remettre, que ta paix vienne envahir mon cœur et mes pensées. Dans le nom de Jésus, le Prince de la paix. Amen ! »

Outre nos prières, nos chants et nos louanges qui annoncent et parlent de sa paix, nous arrivons tous à des moments où cette promesse de paix est mise à rude épreuve, au-delà même de ce que nous pouvons imaginer. Le témoignage qui suit l'illustre puissamment.

Steven Curtis Chapman

Il y a quelques années, nous avons été bénis d'accueillir à l'Église Nouvelle Vie l'auteur-compositeur et interprète chrétien Steven Curtis Chapman, un artiste gospel prolifique qui a vendu plus de dix millions d'albums. Au moment où il était avec nous, sa famille et lui venaient de vivre une terrible tragédie[9].

Steven et son épouse Mary Beth sont les parents biologiques de trois enfants, en plus d'avoir adopté trois orphelins chinois. Le 21 mai 2008, en sortant la voiture familiale du garage en marche arrière, leur fils Will, 17 ans, écrasa accidentellement Maria, sa petite sœur adoptive alors âgée de 5 ans. Elle succomba à ses blessures. Devant cette horreur, Will sortit du véhicule et se mit à courir en pleurant dans la rue, comme s'il ne pouvait rester sur les lieux. Son père le rattrapa, le prit dans ses bras et lui répéta : « Will, ton père t'aime ! »

La maman, Mary Beth, sombra dans une dépression et vécut dans la crainte de perdre son fils Will qui, tourmenté par les évènements, devint suicidaire. C'est dans de tels moments que la paix de Dieu est miraculeuse, toute puissante et sans limites. De mois en mois, cette paix réapparut pour alimenter l'espoir et dissiper peu à peu la culpabilité, le deuil et l'horreur. Steven, Will, Mary Beth et toute la famille Chapman, portés par cette paix indescriptible et renouvelée chaque jour, se relevèrent, revinrent à la vie et réapprirent à sourire et à vivre. Après ces évènements, Steven composa quelques-uns des chants les plus profonds et porteurs d'espoir du répertoire chrétien moderne[10]. Mary Beth écrivit un *bestseller, Choosing to See* (Choisir de voir)[11] qui est devenu une source d'encouragement pour des dizaines de milliers de personnes.

En 2013, la famille a partagé une vidéo sur sa page Facebook où Steven et Mary Beth accompagnaient leur fils Will, le jour de son mariage. Cette magnifique vidéo capte des images inoubliables de la famille lors de la réception du mariage où l'on voit la joie, la restauration et une paix qui dépasse toute circonstance. La vie peut continuer, remplie d'espoir, le potentiel de chacun miraculeusement ressuscité par la main et l'amour de Dieu.

La Terre n'a pas de souffrance que le Ciel ne peut guérir. Où que vous soyez, gardez l'espoir, la foi. Revenez à la limpide simplicité de demander à Dieu son apaisement, d'heure en heure s'il le faut. Il est fidèle. Il agira, calmera vos pires tempêtes et vous conduira vers de nouveaux rivages de calme et de repos pour votre âme.

Refuser toute condamnation

La troisième dynamique de paix que j'aimerais vous transmettre consiste à apprendre à refuser la condamnation qui vole votre potentiel de paix.

Très souvent, dans ma parabole du carton de déménagement dont je faisais mention plus haut dans ce chapitre, l'objet fragile, lourd et coûteux qu'il nous est le plus difficile de déposer est notre estime de soi, ou ce que théologiquement nous appelons notre identité spirituelle en Christ.

Plusieurs d'entre nous portent dans leur cœur une espèce de condamnation malsaine qui pourrait s'exprimer ainsi : «Je ne suis pas ou je ne suis plus digne de lui demander quoi que ce soit… Je n'ai pas assez bien agi pour oser demander à Dieu de… Si seulement j'étais meilleur, j'oserais demander, alors je commencerais ou recommencerais à prier…»

Sous le poids de cette culpabilité mensongère et paralysante, beaucoup finissent par plier bagage spirituellement. Certains cessent même de prier et de croire que Dieu peut accomplir de grandes choses dans leur vie. Pourtant, Romains 11.35 nous appelle à relâcher radicalement et à mettre un terme à ce cycle de pensées nocives et toxiques. Inspiré par l'Esprit de Dieu, Paul déclare dans la suite de son envolée lyrique : *qui a connu la pensée du Seigneur pour prétendre être son conseiller ? Qui lui a donné le premier, pour qu'il ait à recevoir en retour ?* En fait, ce qu'il déclare, c'est : «Qui pense devoir mériter quoi que ce soit de Dieu ? Qui pense devoir impressionner Dieu pour mériter sa faveur ? Arrêtez de vous rabaisser, de vous condamner, de vouloir performer pour impressionner Dieu ! Ce que Dieu demandait, vous ne pouviez pas le lui donner, mais Christ l'a accompli pour vous. Et ce que Dieu vous a donné, personne ne peut vous l'enlever.» Ce qui nous conduit à la seconde parabole selon Claude Houde ☺ intitulée : Le chrétien, le jury, les chaises et La Voix.

Trop de chrétiens se croient à l'émission La Voix (*The Voice*) dans leur relation avec Dieu. Vous connaissez le principe de ce télé-crochet musical qui repose sur des auditions à l'aveugle. Les quatre membres du jury sont assis, le dos tourné au candidat chanteur de sorte qu'ils ne peuvent juger de sa performance musicale que par la voix, sans être influencés par son charisme ou son apparence physique. Chaque chanteur a quelques secondes pour tout donner et rêver de voir se retourner un, deux, trois ou les quatre membres du jury, lesquels, éblouis par la voix du prodige, se l'arracheront et lui offriront de devenir leur coach particulier. Le cauchemar de tout candidat survient lorsque, même après avoir donné le meilleur de lui-même, pas un membre du jury ne daigne se retourner…

Aujourd'hui encore, trop de chrétiens se perçoivent comme des candidats à La Voix, cherchant toujours à faire plus et à impressionner Dieu pour qu'enfin, il se retourne et les accepte dans son équipe. Trop de chrétiens passeront leur vie à attendre vainement le jour où Dieu tournera sa chaise pour déclarer : « Ça y est, je te veux ! Wow ! Aujourd'hui tu m'as vraiment surpris et épaté ! Alors oui, enfin, je veux bien t'accepter. Là, je crois que tu l'as mérité. À présent, je serai ton coach ».

Du Ciel, la voix de Dieu résonne et s'écrie plutôt comme ceci : « Oublie et annule l'audition ! Il y a deux mille ans, Jésus y est allé pour toi ! Il est mort et ressuscité pour toi. Il est sain, pur et sans péché et, lorsque je te regarde, c'est mon fils Jésus-Christ que je vois. Oublie l'audition. Ta voix, c'est moi qui te l'ai donnée. Je t'aime et je suis engagé à être ton coach tous les jours de ta vie. Je ne t'abonnerai jamais ! Je suis avec toi. J'ai tourné ma chaise pour toi il y a deux mille ans ! »

Au reste, frères, que tout ce qui est vrai, tout ce qui est honorable, tout ce qui est juste, tout ce qui est pur, tout ce qui est aimable, tout ce qui mérite l'approbation, ce qui est vertueux et digne de louange, soit l'objet de vos pensées. Ce que vous avez appris, reçu

*et entendu de moi, et ce que vous avez vu en moi, pratiquez-le.
Et le Dieu de paix sera avec vous.* (Philippiens 4.8-9)

Ces dernières années, le richissime artiste et producteur américain Dr Dre s'est fait remarquer par les médias à travers une campagne de publicité planétaire pour promouvoir le lancement de ses derniers écouteurs à la mode[12]. Le slogan phare était : *Hear what you want* (Choisis ce que tu veux écouter). Tous les différents clips de cette campagne avaient le même scénario. Une vedette du sport arrive aux abords d'un stade et se fait copieusement insulter par les partisans de l'équipe adverse qui le menacent verbalement et physiquement. Au lieu de se laisser intimider par la foule et les cris, la vedette choisit de mettre ses écouteurs pour couper le son des paroles nuisibles et faire tourner en boucle une musique stimulante regorgeant d'un florilège de paroles positives du genre : «Tu es capable! N'aie pas peur! Ne te laisse pas intimider!»

Deux mille ans avant Dr Dre, l'apôtre Paul enseignait déjà ce principe de «*Hear what you want*». Philippiens 4.8-9 est la campagne de pub biblique appelant à choisir ce qui va alimenter nos pensées. C'est choisir d'écouter les mensonges de notre passé ou les merveilles de sa Parole. C'est écouter les limites de notre environnement présent ou entrer dans ses promesses et croire qu'il est le Dieu illimité. En fait, Paul enseigne que la paix authentique est pour la personne qui choisit au quotidien de brancher les écouteurs de son âme sur la Parole, la présence, la puissance, les possibilités, la perspective et les promesses de Dieu.

Toutefois, cette capacité du croyant à couper le son destructeur et choisir le son divin n'est pas naturelle ni instantanée. C'est un choix et un apprentissage quotidien. C'est une décision qui doit devenir une discipline avant de pouvoir être un délice. De Paul derrière ses barreaux de prison à vous et moi aujourd'hui, aux prises avec nos défis, il n'y a pas de raccourci vers la paix. Il n'y a pas de modernité ni de gadget pour remplacer ce principe d'apprentissage progressif vers la paix. Il est intemporel : nous devons prendre du temps chaque jour dans la présence et la Parole de Dieu. Ce ne sont pas mille heures de Facebook, Instagram, télévision, YouTube, Netflix, AppleTV qui garderont votre âme dans la paix de Dieu. Certains programmes peuvent être divertissants ou neutres spirituellement, mais plusieurs sont nocifs. Il est trop fréquent que ce qui est censé nous divertir nous démonise, et que ce que nous choisissons de copier finit par nous capturer. La décision quotidienne de nourrir votre âme vous revient. Chaque jour, vous devez choisir de la nourrir avec ce qui est *pur, vrai, authentique, aimable, ce qui mérite l'approbation, ce qui est vertueux et digne de louange.* Vous devez choisir d'aller à votre église locale chaque semaine et d'en faire une priorité, de lire votre bible régulièrement et prendre du temps en prière. Ce n'est pas une question de légalisme. Votre salut ne dépend pas de votre assiduité sur un banc d'église ni de vos performances chrétiennes. C'est une question de discernement où vous devez réaliser que votre âme a besoin d'être protégée des pensées nocives et nourrie de pensées divines. Personne ne peut prendre cette décision pour vous.

Ce choix déterminera votre capacité ou non à vaincre et dominer le combat de vos pensées et de votre conscience. L'issue de ce combat est capitale pour l'épanouissement ou l'extinction de votre potentiel de paix.

Témoignage d'un éleveur du Kentucky

Il y a plusieurs années, j'ai été invité à apporter la Parole dans une église du Kentucky profond, aux États-Unis. Les gens étaient très sympathiques, mais le choc culturel était énorme ! Je me suis retrouvé devant une congrégation avec des personnes portant fièrement leurs chapeaux et bottes de cowboy et louant Dieu au son des banjos sur des airs de musique *Bluegrass* avec un irrésistible accent du Sud américain. Un homme simple ayant découvert un secret précieux et une clé de potentiel s'est alors levé pour donner ce témoignage :

« J'étais alcoolique, joueur invétéré, propriétaire de bar, et je gagnais mon argent en étant promoteur et propriétaire d'arènes pour combats de chiens. Je savais toujours sur quel animal parier. C'était facile ! Je nourrissais un des chiens toute la semaine et j'affamais l'autre jusqu'à ce qu'il soit tellement faible qu'il n'ait plus aucune chance. Mes amis, nourrissez votre esprit et vos pensées avec les bonnes choses de Dieu et affamez votre chair, le côté sombre et pessimiste de vous-mêmes. C'est comme ça que Dieu m'a transformé et qu'il a fait de moi un homme neuf durant toutes ces années. Je ne donne rien à manger aux pensées qui me font du mal et je nourris ce qui me rend plus fort. »

Des siècles avant Philippiens, le livre des Proverbes nous enseignait déjà que *comme un homme pense, ainsi sera-t-il*[13]. Des millénaires après Salomon, la science moderne confirme cette vérité biblique. Saviez-vous que les disciplines scientifiques rattachées aux neurosciences que sont la neurologie, la neurobiologie et la neuropsychologie modernes découvrent et convergent aujourd'hui pour affirmer que Philippiens 4.8-9 est scientifiquement crédible, explicable et applicable ? Saviez-vous qu'il est scientifiquement prouvé que lorsque nous décidons d'alimenter nos pensées par *tout ce qui est honorable, juste, pur, aimable méritant l'approbation, vertueux et digne de louange*, nous pouvons réellement expérimenter un mieux-être intérieur ? Laissez-moi vous présenter quelques données scientifiques tirées d'ouvrages et de recherches passionnantes.

Dr Rick Hanson[14] est titulaire d'un doctorat en neuropsychologie de l'Université Berkeley, en Californie. Conférencier invité régulièrement à Oxford et Stanford, il est considéré comme une référence scientifique internationale dans le domaine des neurosciences. Dans un de ses ouvrages à succès, *Hardwiring Happiness* (Comment reprogrammer le bonheur et la paix), Dr Hanson explique à quel point notre cerveau est efficace pour enregistrer, stocker et rappeler à notre mémoire des expériences douloureuses, tristes et pénibles du passé, et ce, naturellement, sans effort de notre part. Ses nombreux travaux de recherche, en collaboration avec plusieurs équipes nord-américaines, démontrent qu'il est aussi possible de contrer ce *pattern* naturel et négatif en décidant de penser à chaque chose positive de la journée au travers d'exercices quotidiens très pratiques tels que :

> Choisir de savourer son café du matin plutôt que de s'angoisser à l'avance en pensant au travail qui nous attend.

> Choisir d'apprécier le fait d'avoir un véhicule plutôt que de se concentrer sur le trafic routier.

> Choisir d'être reconnaissant pour ce que nous avons aujourd'hui, plutôt que de convoiter ce que nous voulons pour demain.

> Choisir de se rappeler les bonnes paroles qu'on nous a adressées plutôt que de ruminer sans cesse celles qui nous ont blessés.

Le rationnel de leurs recherches supposait qu'il est possible de changer le disque dur et le processeur de notre cerveau en changeant notre façon de penser. Voici quelle fut la conclusion de leur étude conduite chez des personnes réalisant ces exercices quotidiens : en choisissant de penser rationnellement et intentionnellement à toutes les petites choses positives dans une journée, leur niveau d'anxiété, d'irritabilité, de déprime a baissé et leurs sentiments d'estime de soi, leur résilience et leur paix intérieure ont augmenté. En somme, Salomon disait vrai ! Et Paul avait raison !

Voici quelques autres chiffres et données fascinantes abordés dans cet ouvrage :

Le combat des pensées relève d'une saine mentalité et non de nos moyens[15].

Médicalement, la surconsommation et l'endettement sont les suppresseurs numéro un de paix intérieure en Amérique du Nord.

Les deux pays où les adultes et les enfants sont les plus optimistes et heureux au monde sont le Nigéria et le Mexique (ce ne sont pourtant pas les pays les plus riches ni ceux possédant les meilleures conditions de vie).

Le combat des pensées est plus éprouvant en période d'épuisement[16].

Lors d'un exercice de mémorisation d'un texte contenant des allusions négatives ou positives réalisé auprès d'étudiants en manque de sommeil, les candidats ont mémorisé seulement 31 % des allusions positives, mais se sont souvenus de 81 % des allusions négatives. En d'autres termes, lors de nos moments d'épuisement, de stress et de fatigue spirituelle, mentale ou physique, nous avons humainement et naturellement tendance à oublier les choses positives de notre vie, exacerbant et magnifiant ses aspects négatifs.

Le combat des pensées est permanent.

Les calculs des travaux des chercheurs en neuroscience de l'Université Berkeley ont notamment permis de démontrer que sur une période de 24 heures, le cerveau humain produit jusqu'à 70 000 pensées, et ce, même lorsque nous dormons. Environ 80 % de nos pensées proviennent des dernières 24 heures et la vaste majorité de ces pensées sont négatives. Cela équivaut à une pensée différente toutes les 1,2 secondes.

Dr Henry Cloud est titulaire d'un doctorat en psychologie de l'Université Biola en Californie. Dans son ouvrage[17] consacré au leadership et intitulé *Boundaries for leaders* (Les limites des leaders), il décrypte, analyse et propose plusieurs clés pratiques pour renverser certains comportements et raisonnements humains qui nous limitent et nous empêchent d'atteindre notre plein potentiel dans notre vie affective, familiale ou professionnelle.

Citant notamment Philippiens 4, Dr Cloud expose le concept des 3 P de nos pensées négatives. Son raisonnement est que lorsque nous permettons à des pensées nocives de s'enraciner en nous et de dominer notre vie, nous entrons irrémédiablement dans le cycle sans fin des 3 P où quoi que nous entreprenions, le problème est toujours d'ordre :

> Personnel : «je suis un échec»

> Permanent : «je serai toujours un échec»

> Pervasif (ou envahissant) : «je suis un échec dans tous les domaines»

Ce cycle des 3 P entraine un état de perpétuelle insatisfaction et se retrouve notamment comme toile de fond des millions de dépressions et des milliers de suicides annuels au Québec et partout en francophonie. Ultimement, sombrer ou sortir de ce cycle infernal revient à la somme de nos décisions personnelles et quotidiennes. Nous pouvons abandonner le combat et nous enliser dans ce cycle perpétuel des 3 P, ou chercher à comprendre, apprendre à vaincre et à dominer le combat dans notre conscience afin de renouveler nos pensées, résister aux mensonges de l'ennemi de notre âme et reconquérir notre plein potentiel de paix.

L'Esprit de Dieu, l'Esprit de vérité[18] est là pour nous et avec nous pour nous donner les forces et la capacité divines, bien au-delà de nos limites humaines, de faire les bons choix dans le champ de bataille de nos pensées.

Quelle sera votre décision ? La balle est dans votre camp. N'attendez pas demain et n'attendez pas les circonstances idéales pour être heureux. La paix intérieure dépend de pratiques de vie saines et bibliques, et non pas du climat ou de la saison de votre vie. C'est ce que Paul enseigne dans Philippiens 4.11-12 : *J'ai appris à être satisfait de ma situation. Je sais vivre dans la pauvreté et je sais vivre dans l'abondance. Partout et en toute circonstance, j'ai appris à être rassasié et à avoir faim, à être dans l'abondance et à être dans le besoin.*

N'attendez pas demain, n'attendez pas les circonstances idéales et n'attendez pas d'être le Prince de la Silicon Valley avant de vous approcher du Prince de la paix.

Il y a quelques années, j'ai lu un ouvrage à succès captivant vendu à plus de 2 millions de copies : *The New New Thing*[19] (La nouvelle nouvelle affaire) de l'auteur américain Mickaël Lewis. Cet ouvrage biographique revient sur le parcours fulgurant du multimilliardaire Jim Clark, surnommé le prince de Silicon Valley. Au cours de sa prodigieuse carrière, il parvint à bâtir et revendre trois entreprises cotées à la bourse de New York et estimées à plusieurs milliards de dollars, faisant de lui un homme fabuleusement riche. Selon sa biographie, c'était aussi un homme profondément insatisfait, angoissé et malheureux.

Le biographe raconte une de ses conversations avec Jim Clark, prince de Silicon Valley. En voici un extrait : « "Jim, je me souviens de ce jour où tu m'as dit que si tu atteignais le cap des 10 millions de dollars, tu serais en paix… Puis, tu as dépassé les 10 millions. Je me souviens aussi du jour où tu t'es fait cette promesse d'être en paix lorsque tu atteindrais les 100 millions de dollars. Or, tu as largement dépassé ton objectif et tu m'as assuré que si tu devenais milliardaire, tu serais enfin en paix". Jim Clark a dépassé tous ses objectifs, amassant plusieurs milliards de dollars, mais il est tourmenté, colérique, agité, malheureux, profondément et perpétuellement insatisfait. Peu importe la mesure de réussite matérielle que Jim a pu atteindre, il est toujours 2 h du matin dans son cœur. Il est étendu, éveillé le soir, dans le noir, malheureux, insatisfait, son esprit tourmenté par les mots : "Il me manque encore quelque chose."»

Cher lecteur, je me tiens aujourd'hui aux côtés de l'apôtre Paul et vous défie à ne pas attendre demain pour vous emparer de votre potentiel de paix. Ne cherchez pas à devenir le prince de la Silicon Valley. Cherchez premièrement à découvrir et dépendre du Prince de paix. Approchez-vous de lui aujourd'hui. Le Seigneur est proche, il est là, avec vous, avec moi. Quel que soit le nom porté par notre tragédie, il est le Prince de la paix qui nous fortifie.

Témoignage de Monique Lépine

Chaque fois que je suis tenté de douter de la capacité rédemptrice qu'offre la paix de Dieu parce que la tragédie à laquelle je fais face semble trop effroyable, je pense à notre amie Monique. C'est une survivante, une incarnation de la résilience sans limites de notre potentiel en Dieu. Le 6 décembre 1989 a changé sa vie à tout jamais.

Alors qu'elle vaquait à ses occupations comme infirmière spé-cialisée, elle fut horrifiée de voir et entendre aux informations télévisées qu'un meurtrier avait assassiné 14 jeunes femmes à l'École Polytechnique de Montréal pour ensuite s'enlever la vie dans ce qui est devenu la pire tragédie meurtrière de l'histoire du Québec. Spontanément, sans imaginer un seul instant l'hor-reur qui l'attendait, Monique eut une pensée de compassion et pria pour la mère du tueur. Quelques heures plus tard, les policiers firent irruption chez elle : le tueur était Marc Lépine, son fils. Elle est la maman du pire tueur de l'histoire de notre nation.

Troublé psychologiquement, Marc vivait en solitaire dans un appartement montréalais. Les mots ne peuvent décrire le cauchemar que Monique a vécu dans les années qui ont suivi. Rongée par la douleur, traquée par les médias, elle vécut un drame supplémentaire lorsque, sept ans plus tard, sa fille Nadia succomba à une overdose de cocaïne. Monique pensait mourir. En fait, elle se sentait mourir lorsqu'elle se retrouva à l'église un dimanche, désespérée au point de dire à son amie qui se tenait à ses côtés : «Je crois que je meurs de chagrin. Si je tombe par terre, ne me relevez pas». Elle entendit alors cette pensée dans son cœur, comme si Dieu lui murmurait : *«Entends-tu le battement de ton cœur ? C'est moi qui te garde en vie. Remets tout entre mes mains et je le ferai battre pour aider et en consoler d'autres».* Le chemin était long, mais nous avons vu Dieu restaurer Monique, surnaturellement. Nous avons été privilégiés et émerveillés de la voir émerger peu à peu, parler à nouveau, sourire, espérer, vivre. Soutenue par plusieurs femmes de notre église, elle partagea un jour quelques mots de son témoignage et de la paix qu'elle vit, grâce à Dieu seul. Le Seigneur avait des plans pour elle. Monique commença à donner des conférences, puis des portes insoupçonnées s'ouvrirent devant elle.

Elle a écrit un livre témoignage qui a capté l'attention nationale. Depuis, elle partage son message de guérison et d'espoir dans des centaines d'écoles, de prisons, d'églises, dans des conférences pour femmes, à la radio et à la télévision. Elle a été invitée à des rassemblements de policiers, de gardiens de pénitenciers ainsi que dans des familles d'individus ayant commis des actes criminels. Au moment où j'écris ces lignes, elle a 77 ans et ne ralentit pas. Devant des foules ou en face à face avec des femmes qu'elle conseille ou console, Monique est une voix nous rappelant que le Prince de paix, le *Sar shalom,* peut nous restaurer même lorsque nous croyons que tout est perdu[20].

Je m'adresse à chaque pasteur, leader et croyant à travers la francophonie pour vous appeler à prendre des décisions concrètes pour le Seigneur. Posez-vous les questions suivantes : Votre douceur est-elle connue de tous ceux qui vous entourent ? Ou au contraire, justifiez-vous sans cesse et depuis toujours votre dureté, votre impulsivité, votre côté colérique et bouillant, blessant les gens autour de vous ? Aujourd'hui, arrêtez de vous justifier et demandez à Dieu, en prière, de faire de vous une personne dont la douceur et le calme sous pression seront connus de tous.

Voulez-vous réellement renouveler vos pensées et entrer dans une plus grande dimension de paix ? Vous devrez choisir ce que vous regardez et écoutez. Il y a des habitudes nocives pour votre âme que vous et vous seul, assisté et fortifié par sa grâce toute puissante, pouvez ou non décider d'arrêter aujourd'hui, pas demain, ni plus tard. Décidez de renouveler vos pensées en branchant votre cœur et votre âme sur sa Parole et dans sa présence.

Demeurez sous la protection du Prince de paix est une décision sérieuse, quotidienne et déterminante pour votre avenir. Le potentiel de votre vie entière en dépend, ainsi que celui de votre entourage.

Témoignage de Hope

Il y a quelques années, j'ai été invité à apporter la Parole dans le cadre d'une série de grandes conférences pour pasteurs et leaders provenant de milieux évangéliques au Canada. J'avais ressenti une forte direction de changer le message que j'avais initialement préparé, pour prêcher plutôt sur le texte d'Ésaïe : *Il ne jettera pas le roseau cassé, il n'éteindra pas la flamme qui brûle encore*[21].

Dans l'auditoire, un pasteur et son épouse vivaient un drame et un tourment inimaginables. Leur église avait connu une série de divisions qui les avaient déchirés et laissés sans force émotionnellement.

Durant cette période douloureuse, leur fille de 19 ans, dégoutée par la laideur et la dureté des comportements des chrétiens les uns envers les autres et du ressentiment envers ses parents, s'était éloignée de tout ce qui représentait le christianisme. Elle commença à expérimenter différentes drogues et fut aspirée dans une spirale de consommation et de dépendance. Non seulement avait-elle quitté la maison sans donner signe de vie, mais ses parents ne savaient même plus où elle était ni comment la joindre pendant plusieurs mois. La maman vivait dans l'angoisse et la dépression. Quelques mois auparavant, ils avaient reçu l'appel d'un poste de police de l'autre bout du pays les informant que leur fille avait été arrêtée pour sollicitation et prostitution. Ils s'étaient alors précipités vers la ville en question, mais à leur arrivée, leur fille avait été relâchée et avait disparu à nouveau. Ils étaient au fond du gouffre.

Le pasteur écrivit donc sa lettre de démission et la remit à un des membres du conseil d'administration qui leur dit : « Nous ne voulons pas accepter votre démission. Nous avons cotisé et avons assumé toutes les dépenses pour que vous puissiez prendre quelques jours de repos et assister à une conférence de ressourcement spirituel. Nous allons prier pour vous».

Le matin en question, ils arrivèrent au beau milieu de mon message. À un certain moment, rempli d'un sentiment d'urgence et de compassion, je dis : «Il y a ici un pasteur et son épouse qui ont remis leur lettre de démission. Dieu a un message pour vous.» Spontanément, le pasteur se leva : «C'est moi, c'est nous, voici notre lettre de démission.» La foule était interloquée et émue. Je lui répondis devant tous : «Nous allons prier avec vous».

Pendant la prière, à la fin du message, je m'approchai d'eux. Je ne connaissais absolument rien de leur situation, mais je prononçai cette phrase plusieurs fois (en anglais) : «*Hope was gone, but hope will be back*». Je pensais que cela signifiait que l'espoir était perdu, mais qu'il reviendrait. À ces mots, la maman s'effondra en sanglots. Le papa, lui aussi en larmes, m'expliqua en quelques mots ce qui était arrivé à leur fille qui se nommait Hope. C'est un prénom courant en anglais. Le message était donc tellement personnel pour eux : «Hope est partie, mais Hope reviendra.» Je priai avec eux passionnément. Par la suite, ils me témoignèrent par courriel que Dieu avait fait une œuvre miraculeuse d'apaisement et de foi dans leur cœur.

Presque un an plus tard, j'apportais la Parole dans une autre conférence lorsque je les reconnus. Ils s'approchèrent de moi, cette fois accompagnés d'une magnifique jeune fille radieuse. Dans les semaines qui avaient suivi notre moment de prière ensemble, leur fille était non seulement rentrée à la maison, mais elle avait passé quelques mois en cure de désintoxication et était revenue au Seigneur sincèrement. Elle s'était jointe à un groupe de jeunes où elle s'était rétablie et épanouie. Aujourd'hui, elle est mariée et heureuse, impliquée dans une œuvre humanitaire chrétienne. L'espoir était perdu, mais l'espoir est revenu.

Cher lecteur, quel que soit ce que vous traversez, je vous appelle à remettre la situation dans les mains du Prince de la paix. Il est le même hier, aujourd'hui et éternellement. Il est le même pour vous, là où vous êtes, aujourd'hui.

En concluant ce chapitre, permettez-moi de vous conduire en prière : «Seigneur Jésus, tu es le *Sar Shalom*, tu es le Prince de la paix, le Prince de ma paix. Que ta Parole produise un fruit éternel dans ma vie. Aide-moi à recevoir et renouveler ta paix dans chaque aspect de ma vie et à la répandre auprès de ceux qui m'entourent. Je déclare que ce jour est un jour nouveau, un jour de paix, à l'abri et sous la protection du Prince de la paix. Au nom de Jésus, amen!»

MON POTENTIEL EN QUESTIONS

Pistes de réflexion pour approfondir les pensées de ce chapitre

Que signifie l'expression «Prince de paix» ou «Sar Shalom», et en quoi la pleine compréhension de ce concept peut-elle vraiment faire une différence dans votre vie?

» Que votre douceur soit connue de tous. Quel serait le qualificatif vous décrivant le mieux: «ma _____ est connue de tous». Comment pouvez-vous grandir tangiblement et continuellement dans une dimension de douceur (*Epieikes)* aux yeux de tous?

» Déterminez et écrivez un plan pour votre vie dévotionnelle avec le Seigneur: un temps dans la journée, un endroit dans la maison ou au bureau, un plan de lecture, etc.

» Afin de grandir dans la révélation que le Seigneur est proche, écrivez toutes vos situations de vie où Dieu s'est montré proche de votre cœur, de votre situation, de votre peine ou de votre épreuve.

» Méditez quotidiennement sur la pensée que le Seigneur est près de vous.

» Comme Dr Dre ☺, mais surtout comme l'apôtre Paul, je vous exhorte à «*Hear what you want*» (Choisir ce que vous écoutez). Quelles sont les émissions (sur Internet ou à la télévision) nocives pour votre âme? Par quelles habitudes de disciplines spirituelles allez-vous les remplacer pour nourrir votre âme?

MON POTENTIEL EN QUESTIONS (suite)
Pistes de réflexion pour approfondir les pensées de ce chapitre

» La science moderne valide les enseignements de l'apôtre Paul nous appelant à renouveler nos pensées afin de renouveler notre paix. Quelles sont vos pensées négatives récurrentes et cycliques qui ont besoin d'être remplacées par *tout ce qui est vrai, tout ce qui est honorable, tout ce qui est juste, tout ce qui est pur, tout ce qui est aimable, tout ce qui mérite l'approbation, ce qui est vertueux et digne de louange* ?

Épilogue

La fin de ce livre est en fait un commencement. Je conclus ce pèlerinage de premiers pas de potentiel ensemble en vous parlant d'un homme que je connais bien. Il grandit dans une famille d'alcooliques de plusieurs générations. À l'adolescence, il écrivit ces mots : *« de la fenêtre de ma chambre je vois des pieds, ces pieds vont marcher sur moi toute ma vie ».* Pendant des années, il faisait le même rêve, nuit après nuit. Alors qu'il commençait à s'envoler au-dessus de la rue où il avait grandi, il redescendait lentement vers le sol où des gens qui lui voulaient du mal l'attendaient. Il se réveillait en sueur, le cœur battant à tout rompre, absolument convaincu que sa vie était destinée à bien peu. À 17 ans, ce jeune homme entendit et crut au message de l'Évangile de Christ, du pardon, des possibilités du potentiel que Dieu avait pour lui. Aujourd'hui, 35 ans plus tard, il a fait le tour du monde, il est marié à une épouse extraordinaire depuis 29 ans, il est un papa et grand-papa comblé, entouré d'amis et de gens qui l'aiment. Il a été utilisé de Dieu infiniment au-delà de tout ce qu'il aurait pu imaginer et il est absolument convaincu que le potentiel de Dieu pour son avenir est insondable et illimité. Cet homme, c'est moi.

Je prie que ce modeste ouvrage aura pu vous aider, vous fortifier, vous inspirer à découvrir et développer votre potentiel pour Dieu. C'est mon désir le plus cher, ma passion et la raison d'être de ma vie.

Avec prière,

Pasteur Claude Houde
Montréal, printemps 2016

Notes

Introduction

1. Unger's Bible Dictionary

2. New Testament Commentary, *William Hendriksen*

3. The Bible Exposition Commentary New Testament, Vol. 2, *Warren W. Wiersbe*

4. Épîtres de Paul – Commentaires sur le Nouveau Testament, *Macarthur John F.*

5. History of the Christian Church, Volume I: Apostolic Christianity. A.D. 1-100, *Philip Schaff.* L'histoire de l'implantation de l'église de Philippes est retrouvée dans Actes des apôtres, chapitre 16

6. Romains 5.20

7. www.impactjeunesse.com

8. www.lachapelle.me

Chapitre 1

1. Hébreux 13.8

2. L'ancienne Macédoine est une région géographique recouvrant aujourd'hui les nations européennes que sont la Grèce, la Bulgarie, l'Albanie et la Serbie.

3. Sans domicile fixe (SDF)

4. www.uncoeurpourlesautres.org

5. The Expositor's Bible Commentary, Volume 2, *Frank E. Gaebelein*

6. Peu importe

7. 1 Thessaloniciens 5.21

8. Magazine L'actualité du 11 mars 2013

9. Nick Vujiciic est atteint de phocomélie : une anomalie du développement du phoetus qui se déclenche en cours de grossesse et qui aboutit à un arrêt de développement d'un ou de plusieurs membres.

10. Une vie sans membres. Une vie sans limites.

11. Référence : God's Miraculous Plan

12. Commentaires sur le Nouveau Testament, *Macarthur John F.*, Message sur Actes 16

13. Lexique du CNRTL (Centre National de Ressources Textuelles et Lexicales)

NOTES

14. The Guardian, 13 sept. 2013

15. An Unstoppable Force: Daring to Become the Church God Had in Mind, *Erwin Raphael McManus*

16. Today's Christian Woman, July/August, 2013

17. Abolish 21, pour Abolissement de l'esclavage au 21ᵉ siècle

18. The Message of Philippians (Bible Speaks Today) Paperback, February 14, 1984, *J. Alec Motyer*

19. New Testament Series, Editor: *John R.W. Stott*

20. New York Daily News, Sunday 06/29/2008

21. Le figaro, 9/04/2014

22. The Bible Knowledge Commentary: An Exposition of the Scriptures by Dallas Seminary Faculty [New Testament Edition], *John F.Walvoord, Roy B. Zuck*

23. *Dr Timothy Keller*, redeemer presbyterian church of New York. Message sur Philippiens.

24. Philippiens 1.21

25. www.lecombatdereuben.com

Chapitre 2

1. Selon la plupart des historiens, il ne reste à Paul que 2 à 3 ans à vivre avant d'être mis à mort en martyr.

2. The 15 Invaluable Laws of Growth, *John C. Maxwell*

3. Pasteur américain

4. Philosophe de l'Antiquité

5. CEO d'American Express depuis 2001

6. Expert en leadership, conférencier et auteur chrétien

7. Homme d'affaires et investisseur américain

8. 34e président des États-Unis (1953-1961)

9. Prix Nobel de Physique (1921)

10. Figure politique de l'Angleterre du XVIIIe siècle

11. Auteur américain

12. 16e président des États-Unis

13. Preacher's Homiletic Commentary. Volume 35 : Galatians, Ephesians, Philippians, Colossians, 1 & 2 Thessalonians, *Rev. George Barlow*

14. 2 Corinthiens 5.10

15. Preacher's Homiletic Commentary. Volume 35 : Galatians, Ephesians, Philippians, Colossians, 1 & 2 Thessalonians, *Rev. George Barlow*

16. Série de message sur l'épître de Paul aux Philippiens, *John MacArthur*

17. Son nom a été changé par mesure de sécurité

18. Vingt ans après le génocide, le Rwanda se souvient | Lapresse.ca, 7 janv. 2014

19. Rechurch Healing Your Way Back to the People of God, *George Barna*

20. Standing on the Promises: The Autobiography of W.A. Criswell, *W.A. Criswell*

21. Kneeling in Prayer : Revival Is Coming Our Way – À genoux en prière, le réveil revient vers nous

22. Nombres 11.17

23. itf-francophonie.com

24. actionnouvellevie.com

Chapitre 3

1. www.itf-francophonie.com

2. « Dans ta face »

3. The Pulpit Commentary, Volume 20: Galatians, Ephesians, Philippians, Colossians 1985, *H. D. M. Spence* (Editor), *Joseph S. Exell* (Editor)

4. The Purpose Driven Life: What on Earth am I Here for?, *Rick Warren*

5. Épîtres de Paul – Commentaires sur le Nouveau Testament, *Macarthur John F.*

6. Série de message sur l'épître de Paul aux Philippiens, *Dr Timothy Keller*

7. Borden Dairy Estate

8. L'équivalent du lycée en Europe

9. Version Claude Houde ☺

10. Mounce's Complete Expository Dictionary of Old and New Testament Words, *William D. Mounce*

11. Mounce's Complete Expository Dictionary of Old and New Testament Words, *William D. Mounce*

12. Sparkling Gems from the Greek, with Rick Renner. Greek word studies to sharpen your understanding of God's Word

13. www.acf-francophonie.com

14. Sparkling Gems from the Greek, with Rick Renner. Greek word studies to sharpen your understanding of God's Word

Chapitre 4

1. The Expanded Vine's Expository Dictionary of New Testament Words, *W. E. Vine*

2. Preacher's Homiletic Commentary. Volume 35 : Galatians, Ephesians, Philippians, Colossians, 1 & 2 Thessalonians, *Rev. George Barlow*

3. Actes 28.1-6

4. The Epistle of Paul to the Philippians (Tyndale New Testament Commentaries), *Ralph P. Martin*

5. Wiersbe's Expository Outlines on the New Testament : Chapter-by-Chapter through the New Testament, *Warren Wiersbe*

6. Total Forgiveness, *R. T. Kendall*

7. Romains 5.20

8. 1 Jean 4.4

9. Apocalypse 12.10

10. Équivalent de la *Champion's league* de foot pour nos amis européens ☺

11. www.egliseleportail.com

Chapitre 5

1. Ésaïe 9.6

2. The Brown-Driver-Briggs Hebrew and English Lexicon, *E. Brown*

3. 2 Timothée 4.6-7

4. Strong's Exhaustive Concordance with Greek and Hebrew Dictionary, *James Strong*

5. L'Équipe, 28 juin 2014

6. Éphésiens 3.3

7. Detroit Tops The 2012 List Of America's Most Dangerous Cities. Forbes, October 2012

8. New Interpreter's Bible Volume 11, Edited: *Leander E. Keck*

9. CNN LARRY KING LIVE – Tragic Accident Tests Faith, Aired August 7, 2008

10. Beauty Will Rise, 17e album de Steven Curtis Chapman, Novembre, 2009

11. Choosing to SEE: A Journey of Struggle and Hope Hardcover, September 1, 2010, *Mary Beth Chapman*

12. Beats by Dr Dre : dans sa publicité, le musicien joue sur l'image des sportifs. Le Huffington Post, 29 nov. 2013

13. Proverbes 23.7

14. Hardwiring Happiness: The New Brain Science of Contentment, Calm, and Confidence 2013, *Rick Hanson*

15. The Science Of Happiness, *Stewart Cowan*. www.dailyinfographic.com

16. The Science Of Happiness, *Stewart Cowan*. www.dailyinfographic.com

17. Boundaries for Leaders: Results, Relationships, and Being Ridiculously in Charge 2013, *Henry Cloud*

18. Jean 16.13

19. The New New Thing: A Silicon Valley Story Paperback – 2014, *Michael Lewis*

20. Vivre: Dix-neuf ans après la tragedie de la Polytechnique, Monique Lépine, la mère de Marc Lépine se révèle, *Harold Gagné*, 2008, Éditions Libre Expression

21. Ésaïe 42.3

Table des matières